《经典诵读三百篇》编委会

华文教育专业规划教材

经典诵读

三百篇

（第五册）

总主编　邵　宜
副总主编　蔡　丽
分册主编　李卫涛

编写人员（按姓氏音序排列）：

蔡　丽　常芳清　戴　薇　李卫涛

刘玉红　邵　宜　孙　英　田　蔚

暨南大學出版社
JINAN UNIVERSITY PRESS

中国·广州

图书在版编目（CIP）数据

经典诵读三百篇. 第五册/邵宜总主编；蔡丽副总主编. —广州：暨南大学出版社，2022.12
华文教育专业规划教材
ISBN 978-7-5668-3426-3

Ⅰ. ①经… Ⅱ. ①邵…②蔡… Ⅲ. ①中华文化—华文教育—教材 Ⅳ. ①K203

中国版本图书馆 CIP 数据核字（2022）第 085422 号

经典诵读三百篇（第五册）
JINGDIAN SONGDU SANBAI PIAN（DI-WU CE）
总主编：邵 宜 副总主编：蔡 丽

…………………………………………………………………………………………

出 版 人：张晋升
策划编辑：杜小陆
责任编辑：康 蕊
责任校对：刘舜怡 黄晓佳
责任印制：周一丹 郑玉婷

出版发行：暨南大学出版社（511443）
电　　话：总编室（8620）37332601
营销部（8620）37332680 37332681 37332682 37332683
传　　真：（8620）37332660（办公室） 37332684（营销部）
网　　址：http：//www.jnupress.com
排　　版：广州良弓广告有限公司
印　　刷：广州市友盛彩印有限公司
开　　本：850mm×1168mm 1/16
印　　张：12.25
字　　数：318 千
版　　次：2022 年 12 月第 1 版
印　　次：2022 年 12 月第 1 次
定　　价：49.80 元

编写说明

为适应海外华文教育发展的需要，暨南大学于2005年在国内首开华文教育专业。该专业致力于培养具备华文教育的基本知识和专业技能，具有较强的汉语应用能力，熟悉中国文化，能从事华文教育、学校教学管理、汉语应用等方面工作的应用型人才。

“朔南暨，声教讫于四海。”华文教育专业的学生既是以汉语为第二语言的学习者，又是以汉语为教学语言的准教育工作者，他们对中华经典的学习能力不同于汉语母语者，而对中华经典的理解和掌握要求又高于普通的留学生。我们希望华文教育专业的毕业生能够承担海外华校各类日常教学工作，能够把中华优秀传统文化带到五湖四海。因此，我们在华文教育专业人才培养方案中设置了“经典诵读”这门课，该课程为实践训练类课程，通过连续六个学期每日早读的形式开展，旨在引导并要求本专业学生能够诵读中国文学和文化经典。本丛书正是暨南大学华文学院华文教育系面向华文教育专业“经典诵读”课程专门编写的。

本丛书共6册，每册编选50篇，总称“经典诵读三百篇”。选篇首先考虑满足华文教育专业教学实际需要，适合华文教育专业学生（含全日制、境外兼读制）诵读中华经典的需求，同时也可供海外有志于从事华文教育工作者修读研习。每册各设置基础篇（20篇）、巩固篇（20篇）、提高篇（10篇）三部分，以满足华文教育专业同一年级学生不同汉语水平的需要。

本丛书各册选篇均以背诵为主，兼顾朗读。“操千曲而后晓声，观千剑而后识器”，唯有通过大量的背诵和朗读，才能在训练汉语语音、语调的同时积累诗词曲赋，提升中华文学素养，进而逐步深化对中华文化的认识。背诵的篇目以韵文为主，包括儿歌、古诗词、短小的古文篇什等；朗读的篇目则主要包括较长的古诗、古文名篇以及现代诗歌、散文名篇等。其中，各册基础篇以适合背诵的篇目为主，选目多为绝句、儿歌、韵文、律诗；巩固篇是以背诵为主、朗诵为辅，选目多为律诗、古体诗、词、现代诗、现代散文等；提高篇是以朗诵为主、背诵为辅（主要是名段背诵），选目多为传统文化典籍、古代散文、现代文名篇的选文等。

本丛书选篇的主要原则如下：其一，注重中华文化传播的任务。突出正面引导，注重美好道德，强调现代意义。优选脍炙人口的名家名篇，注意古今搭配，注意题材、体裁、风格、朝代及作者的适度分布。其二，充分考虑学生的汉语水平、文化理解与接受能力。纵向来看，

1～6 册学习难度逐渐提升；横向而言，一册之内基础篇、巩固篇、提高篇难度也有所区别。其三，联系学习实际，注重海外华文教学对中华经典的需求。考虑该专业学生今后教学工作的需要以及主要教学群体的特点，除编选经典诗词、散文外，适当收入代表性儿歌、童谣、经典蒙学作品、儒家经典等。

本丛书注重学生的自主阅读能力培养。为了尽快培养学生良好的中文阅读习惯与能力，除在第一册基础篇的正文部分全部标写拼音之外，其余各处只为超纲词、易读错的多音字词标注拼音。在诵读的文本正文之后，为帮助学生理解和自主阅读，设置有“词语解释”“古诗（古词、古文）今译”“作者简介”“作品赏析”“经典名句”“诵读指引”等环节。这些环节讲求言简意赅，生动形象，突出重点。

本丛书探索互动参与式教材编写机制，全部配图均选自在试用阶段面向使用者征集的作品，由丛书编写团队挑选最能体现文意的作品作为教材出版时的配图，风格多元，以不同角度呈现作品的意境。同时，动态征集与作品配套的音频与视频作品，使教材同时成为使用者的展示平台，促进使用者与编写者的互动交流，促使使用者深度融入教材及作品，有利于教学效果的最大化实现。

“腹有诗书气自华”，通过三年的逐步积累，华文教育专业学生对三百篇中华文化经典了然于胸。我们希望使用本丛书的学习者能够在对中华经典的诵读过程中，谛听来自古人的智慧，愉悦自己的身心；期待诵读经典的学生能把中华文化和所在国文化融合起来，为促进中外文化交流、构建美好的人类命运共同体贡献自己的一份力量。

《经典诵读三百篇》编委会

2021 年 12 月

目录

经典诵读三百篇（第五册）

基础篇

巩固篇

提高篇

基础篇

离思五首其四

J－1

zhěn
（唐）元稹

曾经[1]沧海[2]难为水，
除却巫山不是云。
取次[3]花丛[4]懒回顾，
半缘[5]修道[6]半缘君。

（绘图：2018级泰国学生　王玲玲）

词语解释

［1］曾经：曾经经历。
［2］沧海：波澜壮阔的大海。
［3］取次：仓促、匆忙。
［4］花丛：花海，这里借喻貌美的女子很多。
［5］半缘：一半是因为。缘：因为。
［6］修道：修养身心。

古诗今译

曾经游览过沧海，其他地方的水就看不上了；见识过巫山的云雾，其他地方的云雾就算不得好风景了。从花丛中匆匆经过，也懒得回头看花，这一半是因为我修道清心寡欲，一半是因为我心里只有你。

作者简介

元稹

字、号：字微之，别字威明

籍贯：河南洛阳

生卒年：779—831

身份：唐代文学家、诗人

获荣誉称号：与白居易并称“元白”

代表作：传奇《莺莺传》等；诗作《离思五首》《遣悲怀三首》等

作品赏析

这是一首悼亡诗，表达了对亡妻的思念和夫妻之间忠贞不渝的美好感情。前两句意蕴深远，感情真挚。“沧海”“巫山”写出了壮阔之景、奔腾之势，诗人借“沧海水”“巫山云”比喻对亡妻的感情。这两句常用来表达爱情坚贞，也用来形容眼界高。第三句以花喻人，好像诗人走进百花园却无心欣赏花朵一样，比喻诗人对其他的美人不动心。第四句写明原因，因为诗人清心寡欲，也因为诗人心中只有亡妻。

经典名句

曾经沧海难为水，除却巫山不是云。

诵读指引

《离思五首·其四》是一首爱情诗歌，朗读时要注意渲染气氛，表达出一种难舍难分的感情。

离思五首·其四

曾经/沧海/难为水，（语速适中，起调略高，读出沧海的壮阔感，“难为水”声音延长，“难”重读，读出若有所思之感）

除却/巫山/不是云。（语速转缓，下行语势，读出对巫山的难舍情感）

取次/花丛/懒回顾，（“懒回顾”读出坚定感）

半缘/修道/半缘君。（“半缘君”重读且声音延长，读出追思之情）

嫦　娥[1]

J-2

（唐）李商隐

云母[2]屏风烛影深[3]，
长河渐落晓星[4]沉。
嫦娥应悔偷灵药[5]，
碧海青天[6]夜夜心。

（绘图：2018 级泰国学生　蓝朋）

词语解释

［1］嫦娥：神话传说中后羿的妻子，是月亮女神。
［2］云母：一种矿石，常用作窗户、屏风上的装饰物。
［3］烛影深：蜡烛投在屏风上的影子变暗淡。
［4］晓星：晨星。

［5］灵药：长生不老药。

［6］碧海青天：碧色的海，蓝色的天，意指枯燥的生活。

古诗今译

云母屏风上映照的烛影慢慢暗淡了，银河渐渐隐没，晨星也沉落了。嫦娥应该很后悔偷吃了长生不老药，她飞上天宫只能日夜对着碧海青天，一定非常孤寂吧。

作者简介

李商隐

字、号：字义山，号玉谿生，又称樊南生

籍贯：祖籍怀州河内（今河南沁阳），出生于郑州荥阳（今河南荥阳）

生卒年：约813—约858

身份：唐代诗人

获荣誉称号：创晚唐诗歌高峰，与杜牧合称“小李杜”，与温庭筠合称“温李”

代表作：诗作《乐游原》《锦瑟》《嫦娥》等；《李义山文集》

作品赏析

这首诗前两句写诗人夜不能寐的情景。烛光慢慢暗淡，银河渐渐隐没，晨星逐渐低沉，暗示时间推移，即将天亮，诗人又是一夜未眠。通过环境的渲染，表达出诗人内心的孤寂冷清。后两句联想到嫦娥，当初偷吃了长生不老药，如今日夜待在冷清的广寒宫，一定也是孤独寂寞的。“应悔”是一种猜想的语气，传递出一种同病相怜的感情。

在这里，人间的诗人和天上的嫦娥，都孤独寂寞，二者互相衬托，更加深了诗歌的主题。

经典名句

嫦娥应悔偷灵药，碧海青天夜夜心。

诵读指引

这是一首抒发孤独寂寞心情的诗歌。诗歌朗诵的重点在第三、四句，在读的时候要注意加强语气，并适当延长词语停顿的时间。节奏如下：

嫦娥

云母/屏风/烛影深，（“深”重读，平行语势）
长河/渐落/晓星沉。（“沉”重读，“晓星沉”下行语势，语速渐缓）
嫦娥/应悔/偷灵药，（读出揣度语气，“应悔”重读）
碧海/青天/夜夜心。（下行语势，语速渐缓，“夜夜心”重读，声音延长）

秋词二首其一

J－3

（唐）刘禹锡

自古逢秋悲寂寥（liáo）[1]，
我言秋日胜春朝（zhāo）[2]。
晴空一鹤[3]排云[4]上，
便引诗情[5]到碧霄（xiāo）[6]。

（绘图：2018 级泰国学生　王玲玲）

词语解释

［1］寂寥：孤寂萧条。
［2］春朝：春天。
［3］鹤：仙鹤。
［4］排云：排开云层。
［5］诗情：情怀。
［6］碧霄：云霄。

古诗今译

历来人们都悲叹秋天萧条寂寞，我却认为秋天要胜过春天。你看那晴空万里，一只鹤冲破云层，直上九霄，我的诗情也跟着飞上了云霄。

作者简介

刘禹锡

字、号：字梦得

籍贯：河南洛阳

生卒年：772—842

身份：唐代文学家、哲学家、政治家

获荣誉称号："诗豪"；与柳宗元并称"刘柳"；与韦应物、白居易合称"三杰"；与白居易合称"刘白"

代表作：《陋室铭》；诗作《乌衣巷》《竹枝词》《杨柳枝词》等；《刘梦得文集》

作品赏析

中国古代文学中有“悲秋”的传统，一说到秋天，诗人就会写一些表达悲伤难过之情的诗句。而刘禹锡这首诗却刚好相反，他在诗中赞美秋天的美丽，表达了乐观的人生态度。

诗歌前两句以议论起笔，不同意悲秋的观念。“我言”是一种自信的表达，“胜春朝”是诗人认为秋天的生机要比春天更胜，为下文的描绘做了铺垫。第三、四句写“一鹤”突破云层，冲上云霄。“鹤”的这种气势、这种姿态正是生命力的表现。诗人以鹤自喻，表达了自己的凌云壮志和非凡诗情。后两句不仅写出了秋天的生机和亮色，也表达了诗人高尚的情操和不凡的气度。

（绘图：2020 级泰国学生　杨紫夏）

经典名句

自古逢秋悲寂寥，我言秋日胜春朝。

诵读指引

这是一首抒发乐观向上情怀的诗歌。朗诵的时候，适当提高音调，表达出豪迈的情感。尤其最后两句，“排云上”“到碧霄”适当重读以加强语气，“霄”字的韵母适当延长。节奏如下：

秋词二首・其一

自古/逢秋/悲寂寥，（起调略低，“悲”重读，平行语势）
我言/秋日/胜春朝。（“我言”读出自信感，“胜”重读，“胜春朝”声韵饱满）
晴空/一鹤/排云上，（上行语势，“排云上”重读，读出冲破云层的气势）
便引/诗情/到碧霄。（“到碧霄”重读，且声音延长，读出豪迈之情）

登飞来峰

J－4

（宋）王安石

飞来山上千寻塔[1]，
闻说[2]鸡鸣见日升。
不畏[3]浮云[4]遮(zhē)望眼[5]，
自缘身在最高层。

（绘图：2018 级印度尼西亚学生　陈丽莎）

词语解释

[1] 千寻塔：高塔。寻：古代长度单位，一寻为八尺。
[2] 闻说：听说。
[3] 畏：畏惧。
[4] 浮云：浮动的云雾。
[5] 望眼：视线。

古诗今译

听说在鸡打鸣的时候，从飞来峰上的高塔能看到太阳升起。不惧怕浮云遮住我的视线，因为我在飞来峰的最高处。

作者简介

王安石

字、号：字介甫，号半山，别称“临川先生”

籍贯：抚州临川（今江西抚州）

生卒年：1021—1086

身份：宋代文学家、改革家、政治家

获荣誉称号：“唐宋八大家”之一

代表作：《临川先生文集》《临川集拾遗》等

作品赏析

这首诗作于诗人三十岁时，官至通判，表达了诗人为实现政治抱负无所畏惧、勇往直前的进取精神。

诗歌前两句写景，诗人第一句写置身于飞来峰上的“千寻塔”，地势高，看得远，寓哲理于写景之中，富有理趣；第二句虚写了旭日升起的景象，表达诗人对人生前途充满信心。后两句议论抒情，先说“不畏浮云”，自己完全不怕人生的艰难险阻；接着说原因，是因为自己“身在最高层”，因为诗人能够站得高，看得远，高瞻远瞩。

经典名句

不畏浮云遮望眼，自缘身在最高层。

诵读指引

这首诗写出诗人的心胸开阔，不害怕面对问题。朗读的时候，要读出自信的气势。节奏如下：

登飞来峰

飞来/山上/千寻塔，（起调平，语速适中）
闻说/鸡鸣/见日升。（“见日升”读出登高望远的开阔感）
不畏/浮云/遮望眼，（语气渐强，上行语势，“不畏”重读，且读出勇敢无畏的感觉）
自缘/身在/最高层。（“最高层”重读，声音适当延长）

花 影

J－5

（宋）苏轼

重重叠叠[1]上瑶(yáo)台[2]，
几度[3]呼童[4]扫不开。
刚被太阳收拾去[5]，
却[6]教[7]明月送将来[8]。

（绘图：2018 级印度尼西亚学生　李连美）

词语解释

［1］重重叠叠：形容地上的花影一层又一层，很浓厚。
［2］瑶台：华贵的亭台。
［3］几度：几次。

［4］童：男仆。

［5］收拾去：指日落时花影消失，好像被太阳收拾走了。

［6］却：又。

［7］教：让。

［8］送将来：指花影重新在月光下出现，好像是月亮送来的。将：语气助词，用于动词之后。

古诗今译

亭台上的花影一层又一层，几次叫仆人去打扫，可是花影怎么也扫不掉。傍晚太阳下山时，花影刚刚隐退，可是月亮又升起来了，花影又重重叠叠出现了。

作者简介

苏　轼

字、号：字子瞻，号东坡居士

籍贯：眉州眉山（今四川眉山）

生卒年：1037—1101

身份：宋代文学家、书法家、画家

获荣誉称号：“唐宋八大家”之一；追赠太师，谥号“文忠”

代表作：诗文《赤壁赋》《题西林壁》等；词作《水调歌头·明月几时有》《念奴娇·赤壁怀古》等

作品赏析

《花影》是苏轼七绝作品中的一首。表面上看这是一首充满情趣的咏物诗，花的影子照在亭台上，白天也有，晚上也在，怎么也扫不掉。不过，也有说法认为这首诗是诗人写的一首讽刺诗，用花影来比喻当时社会上的小人。诗句形容小人当道，表达了诗人自己想要有所作为，却又无可奈何的心情。

经典名句

刚被太阳收拾去，却教明月送将来。

诵读指引

这是一首描写景物的诗歌，充满情趣，要读出优美的感觉来。诵读时整体语调平缓。

花影

重重/叠叠/上瑶台，（语气平缓）
几度/呼童/扫不开。（读出无可奈何的感觉）
刚被/太阳/收拾去，（“刚”“太阳”重读，下行语势）
却教/明月/送将来。（“却”“明月”重读，“送将来”缓读，平行语势）

过松源[1]晨炊漆公店[2]

J－6

（宋）杨万里

莫言[3]下岭便无难，
zhuàn
赚得[4]行人错喜欢[5]。
正入万山圈子里，
一山放出[6]一山拦[7]。

（绘图：2018 级马来西亚学生　孙红绫）

词语解释

[1] 松源：地名，在今皖南山区。
[2] 漆公店：地名，也在今皖南山区。

［3］莫言：不要说。

［4］赚得：骗得。

［5］错喜欢：白白地高兴。

［6］放出：这里是把行人放过去的意思。

［7］拦：阻拦，阻挡。

古诗今译

不要说从山岭上下来之后，就没有困难了，因为这句话会使得前来爬山的人白白地欢喜一场。

当你进入好像由万重山围成的圈子之后，刚翻过一座山，就会有另一座山将你拦住。

作者简介

杨万里

字、号：字廷秀，号诚斋

籍贯：吉州吉水（今属江西）

生卒年：1127—1206

身份：官至宝谟阁直学士，封庐陵郡开国侯，宋代诗人

获荣誉称号：与陆游、范成大、尤袤并称“中兴四大诗人”；其诗自成一体，称“诚斋体”

代表作：《小池》

作品赏析

我们常常会说“山外有山，人外有人”，这首诗也有类似的道理。当人们满心欢喜地翻过一座高山，认为自己就此一马平川的时候，却发现前面可能还有更高的山峰。

诗人用简单的诗句写出了一个道理：永远不要认为自己已经取得了成功，因为在前进的道路上还会有新的困难等待着你。

经典名句

莫言下岭便无难，赚得行人错喜欢。

诵读指引

这首诗蕴含了丰富的哲理。在诵读时整体节奏要慢，语气平静、舒缓，注意通过适当的停顿和语势的起伏变化，表达出若有所思、有所顿悟的感觉。

过/松源/晨炊/漆公店

莫言/下岭/便无难，（“便无难”重读，下行语势）

赚得/行人/错喜欢。（“错喜欢”重读，延长声音，平行语势）

正入/万山/圈子里，（语速略转快，上行语势）

一山/放出/一山拦。（“放出”“拦”重读，第一个“一山”节奏稍微缓慢，第二个“一山”则适当加快速度）

桂源铺

J－7

（宋）杨万里

万山不许一溪奔，

拦得溪声日夜喧（xuān）[1]。

到得前头山脚尽，

堂堂[2]溪水出前村。

（绘图：2018 级泰国学生　翁丽雅）

词语解释

［1］喧：声音大。

［2］堂堂：规模大、气势足。

古诗今译

群岭万山中有一条小溪，万山阻挡溪水往前奔流，拦得那溪水在山间日夜喧闹不停。然而，溪水到底是拦不住的，等到它终于来到前边的山脚尽头时，弯弯的小溪已变作盛大的溪流，愉悦通畅地流出前方的村庄。

作者简介

杨万里

字、号：字廷秀，号诚斋

籍贯：吉州吉水（今属江西）

生卒年：1127—1206

身份：官至宝谟阁直学士，封庐陵郡开国侯，宋代诗人

获荣誉称号：与陆游、范成大、尤袤并称“中兴四大诗人”；其诗自成一体，称“诚斋体”

代表作：《小池》

作品赏析

诗中说从山中流出的小溪是无法被阻断的，它总会找出一条道路堂堂正正地奔流而下。这首诗充满理趣，用简单的现象来比喻一个道理：时代潮流是不可阻挡的。

经典名句

到得前头山脚尽，堂堂溪水出前村。

诵读指引

这首诗蕴含了丰富的哲理。在诵读时整体语气平静、舒缓。

桂源铺

万山/不许/一溪奔，（“不许”重读，“万山”“一溪”形成对比，平行语势）
拦得/溪声/日夜喧。（“日夜喧”重读，上行语势）
到得/前头/山脚尽，（“到得”语速转快）
堂堂/溪水/出前村。（“堂堂”重读，语气加强，适当放慢速度，“出前村”声音延长）

夜雨寄北[1]

J－8

（唐）李商隐

君[2]问归期[3]未有期，
巴山[4]夜雨涨（zhǎng）秋池[5]。
何当[6]共[7]剪西窗烛[8]，
却话[9]巴山夜雨时。

（绘图：2018 级泰国学生　翁丽雅）

词语解释

［1］寄北：写诗寄给北方的人。诗人当时在巴蜀，他的亲友在长安，所以说“寄北”。
［2］君：对对方的尊称，相当于现代汉语中的“您”。
［3］归期：指回家的日期。
［4］巴山：这里泛指巴蜀一带。
［5］秋池：秋天的池塘。
［6］何当：什么时候。
［7］共：一起。
［8］剪西窗烛：剪烛：剪去燃焦的烛芯，使灯光明亮。这里形容深夜秉烛长谈。
［9］却话：回头说。

古诗今译

你问我什么时候回去，我还不确定具体的时间。此刻巴山的夜雨淅淅沥沥，雨水涨满了秋天的河池。什么时候我才能回到家乡，在西窗下我们一边剪烛一边谈心，那时我再对你说说，今晚在巴山做客听着绵绵夜雨，我是多么寂寞、多么想念你！

作者简介

李商隐

字、号：字义山，号玉谿生，又称樊南生

籍贯：祖籍怀州河内（今河南沁阳），出生于郑州荥阳（今河南荥阳）

生卒年：约 813—约 858

身份：唐代诗人

获荣誉称号：创晚唐诗歌高峰，与杜牧合称“小李杜”，与温庭筠合称“温李”

代表作：诗作《乐游原》《锦瑟》《嫦娥》等；《李义山文集》

作品赏析

每年秋天，四川东部和重庆地区（就是诗中的巴山地区）常常会下起绵绵细雨，有时候甚至接连下几十天不停。从早到晚，天都是阴沉沉的，这时候人的心情常常会有点苦闷。

一千多年前，诗人李商隐从京城长安来到这里。在这样秋雨绵绵的夜晚，他独自一人，想起远在京城的亲友，不禁写下了这首诗。诗歌开头第一句回答亲友自己还不知道什么时候能回去，第二句写当时巴山夜雨的情况，大概意思是说看起来短时间是回不去了。最后两句，诗人又想象将来有一天彼此重逢的时候，会说起当初天各一方的样子。

有人说这首诗是诗人写给自己妻子的，也有人说是诗人写给自己的一个朋友的。你觉得呢？

经典名句

何当共剪西窗烛，却话巴山夜雨时。

诵读指引

这是一首抒情诗，要读出委婉的语气。“期”“池”“时”押韵，诵读时，通过语气、语调和节奏的变化，表现出感情的变化，传达出孤独寂寞的情怀和深深的思念之情。

夜雨/寄北

君问/归期/未有期，（语气平静、舒缓，“未”重读，“君问归期”呈上行语势，“未有期”呈下行语势）

巴山/夜雨/涨秋池。（语气平静、舒缓，“涨秋池”重读）

何当/共剪/西窗烛，（“何当”重读，语速适当加快，语调上扬，读出疑问语气）

却话/巴山/夜雨时。（“却话”“夜雨时”重读，“却话”后稍微停顿一下，整句语速渐缓，最后的“时”声音延长）

饮酒 其一

J-9

(晋) 陶渊明

衰荣[1]无定在，彼此更共之。
邵生[2]瓜田中，宁似东陵时！
寒暑有代谢[3]，人道[4]每如兹[5]（zī）。
达人[6]解其会，逝将不复疑。
忽[7]与一樽（zūn）酒，日夕欢相持。

(绘图：2018 级印度尼西亚学生　谢承良)

词语解释

［1］衰荣：衰败和繁荣，比喻人生的起起伏伏。

［2］邵生：即邵平，秦时为东陵侯，秦亡后为平民，因家贫而种瓜于长安城东。诗人借此形容最初人生富贵，后来贫贱。

［3］代谢：代谢变化。

［4］人道：人生的道理。

［5］兹：此。

［6］达人：通达事理、乐观的人。

［7］忽：尽快。

古诗今译

衰荣并非固定，彼此是一直变化的。邵平晚年因为贫穷而种瓜于长安城东，哪里还有当年东陵侯的样子！寒暑有代谢变化，人生的道理也是如此。乐观的人明白其中的道理，我将隐居在此不再怀疑。快快地给我一杯酒，日日夜夜一直痛快畅饮。

作者简介

陶渊明

字、号：字元亮，又名潜，世称靖节先生，别号五柳先生

籍贯：浔阳柴桑（今江西九江）

生卒年：约 365—427

身份：东晋后期诗人、辞赋家

获荣誉称号：中国第一位田园诗人，被称为“古今隐逸诗人之宗”

代表作：《杂诗》《归园田居》《饮酒》；《五柳先生传》《桃花源记》《归去来兮辞》等

作品赏析

诗人陶渊明曾经做过官，后来不满当时现实的黑暗，就隐居在乡村中，经常饮酒，醒后就作诗，这首诗就是其饮酒诗二十首中的第一首。这首饮酒诗，是诗人写自己对人生起起伏伏的感想。

诗歌所表达的意思好像是：人生或许会发财、发达，或许会突然穷困、低贱，总是在变化的。很多人会从富到穷，也有很多人会从穷到富，好像一年有春夏秋冬的变化一样。明白了这些道理之后，就不会再烦恼了。所以，要珍惜现在，饮酒作乐。

但是，如果我们联想到陶渊明写诗的情况，这首诗的意思就完全不一样了。陶渊明生活的时代，社会动荡不安，就算当了官，也不会有自由自在的生活。他不愿意为了财富而去讨好上级官员，面对乱世，他洁身自好，远离社会的黑暗，隐居在乡村，过着穷困的生活。所以这首诗的实际意思是：诗人提醒人们不要总是想着富贵和穷困，精神快乐才是最重要的。

经典名句

寒暑有代谢，人道每如兹。

诵读指引

这首诗主要写诗人对人生起起伏伏的感想，衰荣无定，世事无常，应当达观处之。在诵读时整体节奏要慢，注意通过适当的停顿和语势的起伏变化，表达出诗人感悟人生的复杂心境。

饮酒·其一

衰荣/无定在，（起调略高，“无”重读，“无定在”下行语势）
彼此/更共之。（语气平缓，“更共之”重读，平行语势）
邵生/瓜田中，（平行语势）
宁似/东陵时！（“宁似”重读，且读出反问语气，表达对人生起伏变化的感叹之情）
寒暑/有代谢，（上行语势）
人道/每如兹。（“每如兹”重读，语速放缓，声音延长，读出对人生的感悟）
达人/解其会，（上行语势）
逝将/不复疑。（“不复疑”重读，表达坚定的决心）
忽与/一樽酒，（“忽与”重读，上行语势，“一樽酒”读出豪爽感）
日夕/欢相持。（“日夕”重读，稍微停顿，“欢相持”读得舒缓）

无题·昨夜星辰昨夜风

J－10

（唐）李商隐

昨夜星辰昨夜风，画楼[1]西畔(pàn)桂堂[2]东。

身无彩凤双飞翼，心有灵犀(xī)[3]一点通。

隔座送钩[4]春酒暖[5]，分曹[6]射覆(fù)[7]蜡灯红。

嗟(jiē)余[8]听鼓[9]应官去，走马兰台[10]类[11]转蓬。

词语解释

[1] 画楼：比喻富贵人家的房屋。

[2] 桂堂：同样比喻富贵人家的房屋。

[3] 灵犀：旧说犀牛角中有白线，能通两头。

[4] 送钩：一种游戏，也叫藏钩。分两组进行，一组相互传钩，藏在一人手中，另一组的人来猜。

[5] 春酒暖：喝春酒暖和。

[6] 分曹：分组。

[7] 射覆：在酒器下放着东西让人猜。

[8] 嗟余：叹气。

[9] 听鼓：听到五更鼓响。

[10] 兰台：古代政府部门——秘书省，掌管图书秘籍的部门。

[11] 类：类似，像。

古诗今译

昨天晚上星光点点，凉风习习，我们在富贵人家摆设宴席。可惜我没有彩凤的双翼，(可以飞到爱人身边)，但我和爱人的内心像灵异的犀牛角，情感息息相通。酒席上我们玩游戏，喝春酒，行酒令，烛火泛红。可叹啊，听到敲响五更鼓，我就要去上朝了。来到兰台，进进出出，像蓬草般随风飘舞。

作者简介

李商隐

字、号：字义山，号玉谿生，又称樊南生

籍贯：祖籍怀州河内（今河南沁阳），出生于郑州荥阳（今河南荥阳）

生卒年：约813—约858

身份：唐代诗人

获荣誉称号：创晚唐诗歌高峰，与杜牧合称“小李杜”，与温庭筠合称“温李”

代表作：诗作《乐游原》《锦瑟》《嫦娥》等；《李义山文集》

作品赏析

这是一首七言律诗，一共四联，首联交代昨夜欢聚的场景。开头两句用互文的手法，回环反复。夜幕降临，星光点点，凉风习习，精美的画楼，桂木的厅堂，环境优美，令人沉醉。颔联写对佳人的思念。将那种相爱却不能相守，相思之苦与心心相印之甜写得淋漓尽致，成为千古名句。颈联也用互文的手法写出宴会上的热闹。宴席上欢声笑语，其乐融融，而诗人的内心却孤独寂寞，因为佳人不在身边。尾联慨叹要去上早朝，进出兰台，就像蓬草般随风飘摇，流露出对官场的厌恶，表达出一种身世飘零之感。

经典名句

身无彩凤双飞翼，心有灵犀一点通。

（绘图：2019 级印度尼西亚学生　黄美凤）

诵读指引

这是一首爱情诗，朗读时语气要舒缓，有感情。尤其是前四句，词语中间的语气停顿稍微延长一下。节奏如下：

无题・昨夜星辰/昨夜风

昨夜/星辰/昨夜风，（起调低缓，“辰”后延长停顿，“昨夜风”语调抬升）
画楼/西畔/桂堂东。（语调平缓，陈述语气）
身无/彩凤/双飞翼，（“身无”重读，“彩凤”上扬，收尾三字下落）
心有/灵犀/一点通。（“心有”加快，“灵犀”放缓，“通”停顿延长）
隔座/送钩/春酒暖，（语调再度平缓，陈述语气）
分曹/射覆/蜡灯红。（“分曹”轻读，“射覆”重读）
嗟余/听鼓/应官去，（“嗟余”放缓，“应官去”快读）
走马/兰台/类转蓬。（“走马兰台”放缓，“类”重读，“转蓬”语调拖长、上扬）

木兰诗

J－11

（绘图：2019 级印度尼西亚学生　黄美凤）

唧（jī）唧[1]复唧唧，木兰当户[2]织。不闻机杼（zhù）声[3]，唯闻女叹息[4]。问女何所思，问女何所忆[5]。女亦无所思，女亦无所忆。昨夜见军帖（tiě）[6]，可汗（kè hán）大点兵，军书[7]十二[8]卷，卷卷有爷名。阿爷无大儿，木兰无长兄，愿为市[9]鞍马[10]，从此替爷征。

东市买骏马，西市买鞍鞯（ān jiān）[11]，南市买辔（pèi）头[12]，北市买长鞭。旦辞[13]爷娘去，暮宿黄河边，不闻爷娘唤女声，但闻黄河流水鸣溅（jiān）溅[14]。旦辞黄河去，暮至黑山头，不闻爷娘唤女声，但闻燕山胡骑（jì）[15]鸣啾（jiū）啾[16]。

万里赴戎(róng)机[17]，关山度若飞。朔(shuò)[18]气传金柝(tuò)[19]，寒光照铁衣[20]。将军百战死，壮士十年归。

归来见天子，天子坐明堂[21]。策勋[22]十二转(zhuǎn)[23]，赏赐百千强[24]。可汗问所欲，木兰不用尚书郎[25]，愿驰千里足，送儿还故乡。

爷娘闻女来，出郭[26]相扶将[27]；阿姊(zǐ)闻妹来，当户理[28]红妆；小弟闻姊来，磨刀霍(huò)霍[29]向猪羊。开我东阁门，坐我西阁床，脱我战时袍(páo)，著(zhuó)[30]我旧时裳。当窗理云鬓(bìn)，对镜帖(tiē)[31]花黄[32]。出门看火[33]伴，火伴皆惊忙[34]：同行十二年，不知木兰是女郎。

雄兔脚扑朔[35]，雌兔眼迷离[36]；双兔傍地走[37]，安能辨我是雄雌(cí)？

词语解释

［1］唧唧：纺织机的声音。
［2］当户：对着门。
［3］机杼声：织布机发出的声音。
［4］叹息：叹气。
［5］忆：思念。
［6］军帖：征兵的文书。
［7］军书：征兵的名册。
［8］十二：虚指，表示很多。
［9］市：买。
［10］鞍马：马和马具。
［11］鞍鞯：马鞍和马垫子。
［12］辔头：马嚼子、马笼头和缰绳。
［13］辞：辞行。
［14］溅溅：水溅起的声音。

［15］胡骑：胡人的战马。
［16］啾啾：马叫的声音。
［17］戎机：指战争。
［18］朔：北方。
［19］金柝：古代军中用的一种铁锅，白天煮饭，晚上用作打更。
［20］铁衣：战士身上的铠甲。
［21］明堂：宫殿。
［22］策勋：记功。
［23］转：功勋每升一级即一转，十二转是最高的功勋，十二不是实数，是虚指功高。
［24］强：有余。
［25］尚书郎：尚书省的官职。尚书省是古代治理国家的政事机关。
［26］郭：外城。
［27］将：助词。
［28］理：梳妆。
［29］霍霍：拟声词，磨刀的声音。
［30］著：通假字，通“着”，穿。
［31］帖：通假字，通“贴”。
［32］花黄：古代妇女贴在脸上的一种装饰品。
［33］火：通假字，通“伙”，伙伴。
［34］惊忙：惊惶。
［35］扑朔：扒搔，扑腾。
［36］迷离：眯着眼。
［37］傍地走：贴着地面跑。

古诗今译

纺织机发出唧唧声，木兰对着门织布。没听到织布机上梭子的声音，只听到木兰的叹息声。问木兰在想什么，问木兰在惦记什么。木兰说没有想什么，也没有惦记什么。木兰昨天晚上看到了征兵的文书。皇帝在大规模征兵，征兵的名册很多，每一卷上都有父亲的名字。父亲没有大儿子，木兰没有兄长，她愿意去买马和马具，替父从军。

木兰在市场上买了骏马、马鞍、马垫子、马嚼子、马笼头和缰绳等，早上告别父母，傍晚住在黄河边，听不到父母呼唤女儿的声音，只听到黄河水流的声音。早上离开黄河，晚上到达黑山头，听不到父母呼唤女儿的声音，只听到胡人战马嘶叫的声音。

不远万里奔赴战场，像飞一样越过一道道关，翻过一座座山。北方的寒气传送着打更声，寒冷的月光照在战士的铠甲上。身经百战的将士们有的战死了，有的荣归故里。

将士们回来拜见天子，天子坐在殿堂上论功行赏。木兰被记了很大的功勋，被赏赐了很多财物。天子问木兰想要什么，木兰说她不愿意做官，希望能骑着千里马，快快回到家乡。

父母听说女儿回来了，相互搀扶着来到外城；姐姐听说妹妹回来了，对门梳妆打扮起来；

弟弟听说姐姐回来了，磨刀宰杀猪羊。木兰打开房门，坐在床上，脱掉战袍，穿上女儿装。对着窗梳理云鬓，照镜子贴上花黄。出门来看战友，战友们都惊呆了：一起征战这么多年，竟然不知道木兰是女孩子。

雄兔的脚经常动弹，雌兔的眼睛经常眯着；如果两只兔子贴着地面跑，怎么能辨别出哪只是雄兔，哪只是雌兔呢？

作品赏析

《木兰诗》是中国南北朝时期的一首长篇叙事民歌，也是一首乐府诗。诗歌讲述了木兰女扮男装、代父从军、征战沙场、凯旋回朝、建功受封、辞官还家6个故事，塑造了木兰充满传奇色彩的人物形象。

诗歌叙事详略得当，第一、二、五、六段详写木兰的生活场景和女儿情怀，第三、四段略写木兰征战沙场、建功立业。这首诗在内容上塑造了木兰这位女英雄的形象，兼具英雄气质和女性特点；在结构上简洁紧凑。诗歌虽然写的是战争题材，但更多的还是写生活场景，富有生活气息。诗歌通过人物问答来刻画人物心理，生动细致；通过铺陈排比来描述人物行为情态，神气跃然；通过风趣的比喻来结束全诗，非常生动。

这首诗把木兰的形象塑造得既富有传奇色彩，又真切动人。木兰替父从军、勇敢坚毅的形象深入人心。木兰既是巾帼英雄，又是普通人家的女儿，她爱家也爱国，这是中华传统文化的核心精神之一。

经典名句

万里赴戎机，关山度若飞。

诵读指引

这是一首叙事诗，朗读时要注意起承转合，注意节奏有变化。

第一段讲述故事发生，感情稍带忧愁。朗诵时语气舒缓，但读到“阿爷无大儿，木兰无长兄”时，语气加强，最后结尾“愿为市鞍马，从此替爷征”，语气更强。

第二段开头四句“东市买骏马，……北市买长鞭”中间停顿要短，读出连贯的语气。之后几句，语气舒缓。

第三段开头四句表现坚定的情感。最后两句“将军百战死，壮士十年归”，语气加重。

第四段语气轻快，读起来稍微快一些。

第五段语气更加轻快，要读出“爷娘”“阿姊”“小弟”等人高兴的心情，语速稍微快一些。“出门看火伴”至结尾四句，注意语调是一降一升的起伏。

第六段语气舒缓，最后的问句读升调。

上邪[1]

yé

J－12

上邪！

我欲与君相知[2]，

长命[3]无绝衰[4]。

山无陵[5]，

江水为竭（jié）[6]，

冬雷震震，

夏雨（yù）雪[7]，

天地合，

乃敢[8]与君绝。

（绘图：2017级泰国学生　苏佩英）

词语解释

［1］上邪：天啊！
［2］相知：相爱。
［3］命：通假字，同“令”，使。
［4］无绝衰：永不断绝。
［5］陵：山峰。
［6］竭：枯竭。
［7］雨雪：“雨”是名词活用作动词，下雪。
［8］乃敢：才敢。

古诗今译

天啊，我想和你相爱，希望我们的爱情永远都不断绝。除非高山变为平地，江河水枯竭，冬天雷声阵阵，夏天下大雪，天和地合而为一，我才敢跟你断绝情义。

作品赏析

这首诗是汉代的一首乐府诗，塑造了一个性情刚烈、为爱奋不顾身、对爱情坚定忠贞的女性形象，表达了女主人公追求美好爱情的决心和勇气。

诗歌的前两句是女主人公对天发誓，两人相知相爱，永远不分开。之后罗列了五种自然界不可能出现的景象——“山无陵，江水为竭，冬雷震震，夏雨雪，天地合”，说只有出现这五种景象，两人才能分开。其实，真正的意思恰恰是说两人分手是不可能的，表达出对爱情的执着和专一。诗句长短相间，充满激情，感天动地，是爱情诗的典范。

经典名句

山无陵，江水为竭，冬雷震震，夏雨雪，天地合，乃敢与君绝。

诵读指引

这是一首短小的抒情诗，感情丰富、强烈，诵读时要注意语气、语调的变化。

上邪

上邪！（“上邪”重读，感情强烈，感叹语气）
我欲/与君/相知，（“我欲”重读）
长命/无绝衰。（“无绝衰”重读、声音延长，上行语势，读出坚定之感）
山/无陵，（从此句开始，至“天地合”，语速加快，表现出强烈的感情）
江水/为竭，
冬雷/震震，
夏雨/雪，
天地/合，（“合”重读）
乃敢/与君/绝。（“乃敢”后稍微停顿，“绝”重读，整句语速逐渐放缓）

登幽州台歌

J－13

（唐）陈子昂

前[1]不见古人[2]，
后[3]不见来者[4]。
念[5]天地之悠悠[6]，
独怆(chuàng)然[7]而涕下[8]。

（绘图：2019 级印度尼西亚学生　黄美凤）

词语解释

［1］前：过去。
［2］古人：古代贤明的君主。
［3］后：未来。
［4］来者：后世贤明的君主。
［5］念：想到。
［6］悠悠：形容时空的久远。
［7］怆然：形容悲伤的样子。
［8］涕下：流眼泪。涕：眼泪。

古诗今译

往前看不到古人，往后看不到来者。想到天地之间茫茫无边，不禁独自悲伤，而流下眼泪。

作品赏析

战国时的燕国燕昭王（前335—前279年）曾经在幽州（今北京附近）搭设黄金台（即幽州台，又名蓟北楼），用来招揽天下人才，使得燕国一度强盛起来。九百多年后，陈子昂登上了幽州台，他感叹自己是人才，君主却没有重用他。在怀才不遇、悲愤落寞的心情之下，他写下了这首诗歌。

“前不见古人，后不见来者”，这是从时间的过去和未来来写，前后都没有遇到能够理解、同情自己的人；“念天地之悠悠”，这是从空间来写，天地之间那么广大，也没有遇到自己施展才华的机会。诗人想到人生短暂，自己的理想难以实现，所以不禁潸然泪下。

这首诗意境广阔，让人很容易产生共鸣。每个人都会有理想或梦想，但是常常因为现实而无法实现。古往今来、天地之间，又有多少人会理解、同情我们呢？

作者简介

陈子昂

字、号：字伯玉，后世称“陈拾遗”

籍贯：梓州射洪（今四川射洪）

生卒年：659—700

身份：唐代文学家、诗人

获荣誉称号：“诗骨”，“仙宗十友”之一

代表作：《登幽州台歌》，《感遇》三十八首；《陈伯玉集》

经典名句

前不见古人，后不见来者。

诵读指引

这首诗抒发了诗人怀才不遇、落寞悲伤的心绪，诵读时，整体语速略慢，语调略低，读出孤寂、悲愤的感觉。

登幽州台歌

前/不见/古人，（“前”重读，“前不见”之后略微停顿，上行语势）

后/不见/来者。（“后”重读，“后不见”之后略微停顿，下行语势）

念/天地/之/悠悠，（“念”重读，并停顿一下；“悠悠”重读，声音延长，读出天地的辽远感）

独/怆然/而/涕下。（“独”重读，声音稍微延长，并略微停顿；整句语速放慢，读出悲愤之感）

春怨

J－14

（唐）金昌绪

打起[1]黄莺儿，

莫[2]教(jiào)枝上啼。

啼时惊[3]妾[4]梦，

不得到辽西[5]。

（绘图：2018级印度尼西亚学生　陈佳燕）

词语解释

［1］打起：赶走。

［2］莫：不。
［3］惊：惊醒。
［4］妾：古代女子的自称。
［5］辽西：唐代东北边境，今辽宁省辽河以西。

古诗今译

我拍打着树枝，赶走树上的黄莺，不让黄莺在枝头啼叫。黄莺啼叫惊扰了我做梦，我梦醒了，就不能到辽西和守边的丈夫相见。

作品赏析

这是一首五言绝句，写妻子思念卫国守边的军人丈夫。此诗最不同于其他诗的地方在于四句诗写了一件事：打黄莺—莫教啼—惊妾梦—不得见，一句设一个疑问，一句给一个答案，层层倒叙，构思巧妙。从日常打莺小事来表达对守边亲人的思念，以小见大的写作手法也让诗歌主题得到深化。

作者简介

金昌绪

籍贯：浙江杭州

生卒年：不详

身份：唐代诗人

代表作：《春怨》

经典名句

啼时惊妾梦，不得到辽西。

诵读指引

这首诗充满生活情趣，整体语速稍快，前两句读出轻快的感觉，后两句读出无奈感。

春怨

打起/黄莺儿，（起调略高，“打起”重读，“黄莺儿”的“儿”字要读出来，上行语势）
莫教/枝上啼。（平行语势，“啼”重读）
啼时/惊妾梦，（“惊”重读，读出梦被惊醒的不悦）
不得/到辽西。（“到辽西”重读，声音略微延长，读出思念而不得见的无奈感）

如梦令·常记溪亭日暮

J－15

（宋）李清照

常记[1]溪亭[2]日暮[3]，
沉醉[4]不知归路。
兴尽[5]晚回舟，
误入藕(ǒu)花[6]深处。
争渡[7]，争渡，
惊起一滩鸥鹭(lù)[8]。

（绘图：2018 级泰国学生　文强）

词语解释

［1］常记：常常记起。
［2］溪亭：溪边的亭子。
［3］日暮：黄昏的时候。
［4］沉醉：醉到一定的程度但又有酣乐，比喻沉浸在某事物或某境界中。
［5］兴尽：使自己的兴致得到极大的满足。兴：兴致；尽：达到一定的程度。
［6］藕花：荷花。
［7］争渡：奋力把船划出去。争：与“怎”相通。
［8］鸥鹭：此处泛指水鸟。

古词今译

时常记起在湖边亭子喝酒直到太阳落山的时候，喝醉了，不知道回去的路。尽了兴致，而且天已经黑了，只好乘船而回，不小心进入荷花深处。奋力地划船，一不小心，惊动了在这里栖息的水鸟。

作者简介

李清照

字、号：号易安居士

籍贯：齐州章丘（今山东济南章丘）

生卒年：1084—1155

身份：宋代词人

获荣誉称号：婉约词派代表，“千古第一才女”

代表作：词作《声声慢·寻寻觅觅》《一剪梅·红藕香残玉簟秋》等；诗作《夏日绝句》等；《易安居士文集》；词集《漱玉词》

作品赏析

这首词写了一件趣事。有一次，词人黄昏时喝醉了，然后划着小船回家，头昏眼花的时候竟然把船划进了到处是荷叶的水面上，根本找不到路，只好更加使劲地划船。结果声响太大，把一群夜晚归宿的水鸟都惊醒了。诗歌描绘了一种潇洒自由的生活，充满情趣。

欣赏这首词，一定要注意最重要的两个字“常记”（有版本也说是“尝记”）。这里写的其实都是对过去的回忆。当过去的已经过去，那么我们剩下的只有回忆，人生就是如此。

经典名句

常记溪亭日暮，沉醉不知归路。

诵读指引

这首词写酒醉后的趣事，在诵读时整体节奏要轻快，表达出快乐的心情。“暮”“路”“舟”“处”“渡”“鹭”押韵。

如梦令·常记/溪亭/日暮

常记/溪亭/日暮，（语气稍微舒缓，表达回忆的心情）

沉醉/不知/归路。（“沉醉”重读，延长声音）

兴尽/晚回舟，（语速由慢到稍快，“兴尽”重读，延长声音，上行语势）

误入/藕花/深处。（“误入”重读，“藕花深处”延长声音，语速放缓）

争渡，争渡，（第一个“争渡”加强语气，重读，第二个“争渡”更重一些，读出疑问语气）

惊起/一滩/鸥鹭。（“鸥鹭”重读，声音适当延长）

武陵春[1]·风住尘香花已尽[3]

J－16

（宋）李清照

（绘图：2018 级马来西亚学生　孙红绫）

风住尘香花已尽，
日晚[4]倦梳头。
物是人非[5]事事休，
欲语泪先流。
闻说[6]双溪[7]春尚好[8]，
也拟[9]泛轻舟。

zé měng
只恐双溪舴艋[10]舟，

载[11]不动许多愁。

词语解释

[1] 武陵春：词牌名。
[2] 尘香：落花触地，尘土也沾染上落花的香气。
[3] 花已尽：花已经落光了，表示春天已经过去了。
[4] 日晚：太阳已经升得很高了。
[5] 物是人非：事物依旧在，人不似往昔了。
[6] 闻说：听说。
[7] 双溪：水名，在浙江金华，是唐宋时期有名的风光佳丽的游览胜地。
[8] 春尚好：春天还好好地没有离开。
[9] 拟：准备，打算。
[10] 舴艋：小舟，小船。
[11] 载：装载。

古词今译

风停了，花落了，只有沾花的尘土还在散发若有若无的香气。抬头看看，太阳已经升得很高了，我却一点也没有梳洗打扮的心情。春去夏来，花开花谢，世界照常，人却变了，令人感觉万事皆休，一想到这些，还没有开口我就泪如雨下。听人说双溪的春色还不错，那我就去那里划划船散散心吧。唉，我真担心啊，双溪那叶单薄的小船，怕是载不动我内心深处那么沉重的忧愁啊！

作者简介

李清照

字、号：号易安居士

籍贯：齐州章丘（今山东济南章丘）

生卒年：1084—1155

身份：宋代词人

获荣誉称号：婉约词派代表，“千古第一才女”

代表作：词作《声声慢·寻寻觅觅》《一剪梅·红藕香残玉簟秋》等；诗作《夏日绝句》等；《易安居士文集》；词集《漱玉词》

作品赏析

欣赏这首词的关键是理解“物是人非”的含义。李清照青年时期所处背景是北宋末年，当时她和丈夫新婚恩爱，家庭幸福美满。但是，不久北宋灭亡，她和家人辗转逃难到南方，之后丈夫去世。中年的李清照，可以说是家破人亡，生活困苦，所以这时她的心情是凄苦悲哀的。春天依然是百花盛开，小河依然是流水潺潺，但是划船的人只剩一个了，这就是词里面所说的“物是人非”。

春意盎然，很多人都想去划船看风景，但是词人心中只有忧愁，所以最后词人说小船也装不下自己的忧愁。用美景来写忧愁，只会让人更加忧愁。

经典名句

闻说双溪春尚好，也拟泛轻舟。
只恐双溪舴艋舟，载不动许多愁。

诵读指引

这是一首表达哀愁心情的词，整体朗读节奏要舒缓。

武陵春·风住/尘香/花已尽

风住/尘香/花已尽，（语速缓慢，“花已尽”重读，平行语势）
日晚/倦梳头。（“日晚”轻读，声音延长，“倦梳头”重读，下行语势）
物是/人非/事事休，（“事事休”重读，且字字读得缓慢而深沉）
欲语/泪先流。（“欲语”后停顿略长，“泪先流”重读，声音延长，读出悲伤之感）
闻说/双溪/春尚好，（语速加快，上行语势）
也拟/泛轻舟。（“也拟”后停顿略长，“泛轻舟”声音延长）
只恐/双溪/舴艋舟，（“只恐”后停顿略长）
载不动/许多愁。（“许多愁”重读，且声音延长，字字读得缓而深沉，读出满腹愁绪感）

卜算子·我住长江头[1]

J－17

（宋）李之仪

我住长江头，
君住长江尾[2]。
日日思君不见君，
共饮长江水。
此水几时休，
此恨何时已。
只愿君心似我心，
定[3]不负相思意。

（绘图：2018级马来西亚学生　孙红绫）

词语解释

［1］长江头：指长江上游。

［2］长江尾：指长江下游。

［3］定：词中的衬字，在词规定的字数外适当地增添不太关键的字词，以更好地表情达意，也称“添声”。

古词今译

我住在长江上游，你住在长江下游。天天思念你又见不到你，却共饮着同一条江河里的水。这江水啊——要流到什么时候才会停止？这段离愁别恨又要到何年何月才会结束？但愿你的心同我的心一样，就一定不会辜负这一番相思情意。

作者简介

李之仪

字、号：字端叔，号姑溪居士

籍贯：沧州无棣（今山东庆云）

生卒年：1038—1117

身份：宋代词人

代表作：《姑溪词》

作品赏析

这首词写的是爱情，情感大胆直白；语言简单明了，带有民歌的特点。双方不能团聚，所以，“我”就把相思之情和江水联系在一起。“我”和“君”虽然分隔两地，但是一个在长江上游，一个在长江下游，都能共同喝到江水，好像江水在这里就变成了一种相思。最后“我”又祈求双方的爱情像江水一样滔滔不绝，永不停止。

经典名句

此水几时休，此恨何时已。只愿君心似我心，定不负相思意。

诵读指引

朗诵这首词，要注意随着情感起伏，语调有升有降。

卜算子·我住长江头

我住/长江头，（“长江头”重读，上行语势）

君住/长江尾。（“长江尾”重读，下行语势，与上句形成对比）

日日/思君/不见君，（“日日”重读，字字缓而深情，读出深切的思念之情）

共饮/长江水。（“共饮”之后停顿略长，“长江水”声音延长）

此水/几时休，（读出疑问语气）

此恨/何时已。（读出疑问语气）

只愿/君心/似我心，（“只愿”之后稍微停顿，“似我心”声音适当延长）

定不负/相思意。（“定不负”重读，语气坚定，“相思意”声音适当延长）

长相思[1]·山一程

J－18

（清）纳兰性德

山一程，水一程[2]，

身向榆(yú)关[3]那畔[4]行，

夜深千帐灯[5]。

风一更，雪一更[6]，

聒(guō)[7]碎乡心梦不成，

故园[8]无此声[9]。

（绘图：暨南大学华文学院华文教育系教师　王琪阳）

词语解释

[1] 长相思：词牌名。
[2] 山一程，水一程：即山长水远。程：道路、路程。
[3] 榆关：今山海关，在今河北秦皇岛东北。
[4] 那畔：即山海关的另一边，指身处关外。
[5] 千帐灯：皇帝出巡临时住宿的行帐的灯火，“千帐”言军营之多。
[6] 风一更，雪一更：即整夜风雪交加。更：旧时一夜分五更，每更大约两小时。
[7] 聒：声音嘈杂，这里指风雪声。
[8] 故园：故乡，这里指北京。
[9] 此声：指风雪交加的声音。

古词今译

走过了一程山又走过了一程水，将士们马不停蹄地向着山海关进发，夜已经深了，军营中无数个帐篷里都点起了灯。外面风声不绝，雪花飞舞，扰得思念家乡的将士们无法入睡，因为在我那温暖宁静的家乡，没有这般寒风呼啸、雪花乱舞的聒噪之声。

作者简介

纳兰性德

字、号：字容若，号楞伽山人

籍贯：吉林

生卒年：1655—1685

身份：清代词人

获荣誉称号：“清词三大家”之一

代表作：词集《饮水词》

作品赏析

纳兰性德是清朝贵族，从小生活在北京，家人亲友众多。他在青年的时候就受到康熙皇帝的赏识，常常作为重要侍卫陪伴皇帝出行。1682 年，他二十八岁时随同康熙皇帝出巡。由北京向北，五六百里就到了山海关（榆关）。山海关是长城的重要关城，再向北就是古代的苦寒之地了，离家就更远了。在风雪之中，军人们在帐篷中宿营。风声、雪声让他想念家人、家乡，所以写下了这首词。

纳兰性德写下这首词的三年后，即 1685 年就因病去世了。他写的词流传很广，常被人称为“纳兰词”。

经典名句

风一更，雪一更，聒碎乡心梦不成，故园无此声。

诵读指引

这首词写离开家乡远行，在风雪之中想念家乡，情感较为低沉，所以朗读这首词要注意表现出一种忧愁的情绪。节奏如下：

长相思 · 山一程

山一程，水一程，（语气舒缓，“山”“水”重读，两句形成递进）
身向/榆关/那畔行，（整句语速稍快一些）
夜深/千帐灯。（“夜深”后停顿略长，“千帐灯”重读，声音延长）
风一更，雪一更，（语气舒缓，“风”“雪”重读，两句形成递进）
聒碎/乡心/梦不成，（读出乡梦被扰的惆怅感）
故园/无此声。（“故园”后停顿略长，“无此声”重读，声音延长，整句表现出对家乡的思念之情）

桂林山水

J－19

陈淼

（绘图：2020 级老挝学生　谢修荣）

人们都说："桂林山水甲天下。"我们乘着木船，荡漾（yàng）[1]在漓江上，来观赏桂林的山水。

我看见过波澜（lán）壮阔[2]的大海，玩赏过水平如镜的西湖，却从没看见过漓江这样的水。漓江的水真静啊，静得让你感觉不到它在流动；漓江的水真清啊，清得可以看见江底的沙石；漓江的水真绿啊，绿得仿佛那是一块无瑕（xiá）[3]的翡（fěi）翠[4]。船桨激起的微波扩散出一道道水纹，才让你感觉到船在前进，岸在后移。

我攀登过峰峦（luán）[5]雄伟的泰山，游览过红叶似火的香山，却从没看见过桂林这一带的山。桂林的山真奇啊，一座座拔地而起，各不相连，像老人，像巨象，像骆驼，奇峰罗列，形态万千；桂林的山真秀啊，像翠绿的屏障，像新生的竹笋，色彩明丽，倒映水中；桂林的山真险啊，危峰兀（wù）立[6]，怪石嶙峋（lín xún）[7]，好像一不小心就会栽倒下来。

这样的山围绕着这样的水，这样的水倒映着这样的山，再加上空中云雾迷蒙，山间绿树红花，江上竹筏小舟，让你感到像是走进了连绵不断的画卷，真是“舟行碧波上，人在画中游”。

词语解释

[1] 荡漾：水面起伏不定。
[2] 波澜壮阔：水面辽阔。
[3] 无瑕：没有缺点或污点。
[4] 翡翠：一种玉石，多是绿色。
[5] 峰峦：山峰和山峦。
[6] 兀立：直立。
[7] 嶙峋：多形容山石突兀、重叠、奇怪的样子。

作者简介

陈　　森

籍贯：辽宁大连

生卒年：1927—1981

身份：作家

代表作：散文集《早晨集》《春雨集》等

作品赏析

《桂林山水》是一篇游记散文。作者在文章开头就直接说“桂林山水甲天下”，点明了桂林山水的美丽。散文接着写了漓江的水，写出了三个特点：静、清、绿；又写了桂林的山的三个特点：奇、秀、险。这些景物描写使用了比喻、排比等修辞手法，更加生动。最后，作者又把游客写进山水中，好像游客也进入了美丽的画卷中，用“舟行碧波上，人在画中游”这句诗来结尾，更加富有诗意。

经典名句

桂林山水甲天下。

漓江的水真静啊，静得让你感觉不到它在流动；漓江的水真清啊，清得可以看见江底的沙石；漓江的水真绿啊，绿得仿佛那是一块无瑕的翡翠。

桂林的山真奇啊，一座座拔地而起，各不相连，像老人，像巨象，像骆驼，奇峰罗列，形态万千；桂林的山真秀啊，像翠绿的屏障，像新生的竹笋，色彩明丽，倒映水中；桂林的山真险啊，危峰兀立，怪石嶙峋，好像一不小心就会栽倒下来。

诵读指引

《桂林山水》是一篇游记散文，朗读基调平静、舒缓，要读出对美景的喜爱之情，语气要生动。

读到描写“漓江的水”“桂林的山”两段时，描述特点的几个关键字要重读，包括“静”“清”“绿”“奇”“秀”“险”，句尾“啊”字的读音要适当延长。如：

漓江的水/真静/啊，……漓江的水/真清/啊，……漓江的水/真绿/啊，……
桂林的山/真奇/啊，……桂林的山/真秀/啊，……桂林的山/真险/啊，……

野 草

J－20

夏衍

（绘图：2019 级泰国学生　王月华）

有这样一个故事。

有人问：世界上什么东西的气力最大？回答纷纭（yún）[1]的很，有的说"象"，有的说"狮"，有人开玩笑似的说：是"金刚"。金刚有多少气力，当然大家全不知道。

结果，这一切答案完全不对，世界上气力最大的，是植物的种子。一粒种子可以显现出来的力，简直是超越一切。

这儿又是一个故事。

人的头盖骨，结合得非常致（zhì）密[2]与坚固，生理学家和解剖学者用尽了一切的方法，要把它完整地分开来，都没有这种力气。后来忽然有人发明了一个方法，就是把一些植物的种子放在要剖析[3]的头盖骨里，给它以温度与湿度，使它发芽。一发芽，这些种子便以可怕的力量，将一切机械力所不能分开的骨骼，完整地分开了。植物种子力量之大，如此如此。

这，也许特殊了一点，常人不容易理解。那么，你看见笋的成长吗？你看见被压在瓦砾[4]和石块下面的一棵小草的生成吗？它为着向往阳光，为着达成它的生之意志，不管上面的石块如何重，石块与石块之间如何狭，它必定要曲曲折折地，但是顽强不屈地透到地面上来。它的根往土壤钻，它的芽往地面挺。这是一种不可抗的力，阻止它的石块，也被它掀翻。一粒种子的力量的大，如此如此。

没有一个人将小草叫做“大力士”，但是它的力量之大，的确是世界无比。这种力，是一般人看不见的生命力，只要生命存在，这种力就要显现，上面的石块，丝毫不足以阻挡。因为它是一种“长期抗战”的力，有弹性，能屈能伸的力，有韧性，不达目的不止的力。

这种不落在肥土而落在瓦砾中、有生命力的种子决不会悲观和叹气，因为有了阻力才有磨炼。生命开始的一瞬间就带了斗争来的草，才是坚韧[5]的草，也只有这种草，才可以傲然地对那些玻璃棚中养育着的盆花哄笑。

词语解释

［1］纷纭：杂乱。

［2］致密：细致精密。

［3］剖析：剖开分析。
［4］瓦砾：破碎的砖瓦。
［5］坚韧：不怕失败，依然坚持。

作者简介

夏　衍（原名沈乃熙）

字、号：字端先

籍贯：浙江杭州

生卒年：1900—1995

身份：作家、社会活动家

代表作：话剧剧本《上海屋檐下》；报告文学《包身工》等

作品赏析

夏衍的《野草》是一篇议论文。这篇文章开篇就提出一个问题——这个世界上什么东西的气力最大，引出一个不同寻常的答案，原来是“植物的种子”。接着又举例说种子发芽的力量能够打开坚固的人类头盖骨，种子发芽的力量正是生命的力量。再接着引出最被人忽视的野草，它们生长在瓦砾、石块之下，但是能在“长期抗战”中萌芽生长，把瓦砾和石块掀翻，野草的生命力是不达目的绝不停止的。最后一段，作者赞美野草坚韧的精神。虽然有阻力，但是坚强的生命力让野草不怕困难，努力向上。

经典名句

世界上气力最大的，是植物的种子。一粒种子可以显现出来的力，简直是超越一切。

诵读指引

《野草》是议论文。朗读时整体基调平静，要表现出自信和说服力。以口语节奏朗读全文，注意第二段的疑问句要读升调，其他地方读正常语气。

巩固篇

归园田居其三

G－1

（晋）陶渊明

种(zhòng)豆南山[1]下，草盛(shèng)豆苗稀[2]。
晨兴[3]理荒秽(huì)[4]，带月荷锄[5]归。
道狭(xiá)[6]草木长(zhǎng)[7]，夕露[8]沾(zhān)[9]我衣。
衣沾不足[10]惜，但使愿无违(wéi)[11]。

（绘图：2018 级印度尼西亚学生　谢承良）

词语解释

[1] 南山：指庐山。
[2] 稀：稀少。
[3] 兴：起床。

［4］荒秽：这里是形容词作名词，意为荒芜，形容豆苗里的杂草。秽：肮脏，这里指田中杂草。

［5］荷锄：扛着锄头。荷：扛着。

［6］狭：狭窄。

［7］草木长：草木丛生。长：生长。

［8］夕露：傍晚的露水。

［9］沾：（露水）打湿。

［10］足：值得。

［11］但使愿无违：只要不违背自己的意愿就行了。但：只。愿：指向往田园生活的意愿。违：违背。

古诗今译

我在南山下种植豆子，地里野草长得茂盛，可是豆苗却稀稀疏疏的。每天一大早就下地，晚上月亮都出来了才扛着锄头回家。狭窄的小路上草木丛生，傍晚时有露水沾湿我的衣服。身上衣服沾湿了并不可惜，只希望不违背我归耕田园的心意。

作者简介

陶渊明

字、号：字元亮，又名潜，世称靖节先生，别号五柳先生

籍贯：浔阳柴桑（今江西九江）

生卒年：约365—427

身份：东晋后期诗人、辞赋家

获荣誉称号：中国第一位田园诗人，被称为“古今隐逸诗人之宗”

代表作：《杂诗》《归园田居》《饮酒》；《五柳先生传》《桃花源记》《归去来兮辞》等

作品赏析

这首诗是陶渊明《归园田居》组诗作品（共五首）中的第三首，描写了诗人隐居之后在农田里劳动的情景。

本诗共分为两层，前四句为第一层，反映了农田劳动的生活与乐趣。第一、二句就像一位农民在和你说他种的那块豆田的情况，让人觉得自然亲切。第三、四句写诗人早出晚归，虽说比做官要辛苦得多，可是从“带月荷锄归”这一美景的描述就可以看出来，这样的生活是诗人愿意过的，他感到充满乐趣。

后四句是第二层，抒写的是诗人对真善美理想的追求和与现实社会污浊官场的决裂。第五、六句通过描写道窄草深、夕露沾衣的具体细节，显示出了从事农业劳动的艰苦。而最后两句表明了诗人的态度：虽然耕作是艰辛的，但是仍会坚持下去，宁可身体受苦，也要保持心灵的纯洁。

经典名句

晨兴理荒秽，带月荷锄归。

诵读指引

朗读这首诗，语气要轻快自然，表达出愉快的心情。尤其前四句，语调是降升降升，读起来要连贯，不要过于舒缓。节奏如下：

归园田居·其三

种豆/南山/下，（“种豆”语气平静，“南山”采用上行语势，升调）
草盛/豆苗/稀。（“草盛”加重语气，“豆苗”拖长并稍停顿）
晨兴/理荒秽，（“晨兴”采用上行语势，后面三字连读，有欢快的意味）
带月/荷锄归。（“带月”重读，“荷锄归”拖长读音）
道狭/草木/长，（语气平静，“草木”后适当停顿，“长”声音拖长）
夕露/沾/我衣。（下行语势，“沾”重读）
衣沾/不足惜，（“沾”声音拖长，“不足惜”采用下行语势）
但使/愿无违。（“但使”重读并上升语调，“无违”声音拖长并呈上升语势）

长歌行[1]（xíng）

G-2

青青园中葵（kuí）[2]，朝（zhāo）露[3]待日晞（xī）[4]。

阳春布德泽（zé）[5]，万物生光辉。

常恐秋节[6]至，焜（kūn）黄[7]华（huā）[8]叶衰（cuī）。

百川[9]东到海，何时复西归？

少壮[10]不努力，老大[11]徒[12]伤悲。

（绘图：2018 级泰国学生　赵舒畅）

词语解释

[1] 长歌行：汉乐府曲题。这首选自《乐府诗集》卷三十，属相和歌辞中的平调曲。

[2] 葵：蔬菜名，这里指中国古代重要的蔬菜之一。

[3] 朝露：清晨的露水。

［4］晞：天亮，引申为阳光照耀。

［5］阳春布德泽：阳春是露水和阳光都充足的时候，露水和阳光都是植物所需要的，都是大自然的恩惠，即所谓的“德泽”。阳：温和。布：布施，给予。德泽：恩惠。

［6］秋节：秋季。

［7］焜黄：形容草木凋落枯黄的样子。

［8］华：同“花”，此处读一声。

［9］百川：大河流。

［10］少壮：年轻力壮，指青少年时代。

［11］老大：指年老了，老年。

［12］徒：白白地。

古诗今译

园子里绿油油的葵菜上还带着露水，朝阳升起之后晒干了露水，葵菜又沐浴在一片阳光中。春天把希望洒满了大地，世上的万物都在春天受到大自然阳光雨露的恩惠，呈现出一派繁荣。可是，常害怕秋天一到，树叶和百花都要失去鲜艳的光泽，变得枯黄衰落了。万物都有盛衰的变化，人也有由少年到老年的过程。时间就像大江大河的水一样，一直向东流入大海，一去不复返了。我们在年少力强的时候如果不珍惜时光、不好好努力，到老的时候就只能白白地悲伤了！

作品赏析

这是一首咏叹人生的诗。写人生却从园中葵写起，这叫“起兴”。在春天的早晨，园中葵绿油油的叶片上有露珠在朝阳下闪着亮光，就像充满青春活力的少年。再由园中写到整个大自然，由于有春天的阳光雨露，万物都生机盎然。这前四句，看似赞美春天，实际上是借物比人，这叫“兴而比”，是对青春的赞美。人的青春，正如一年四季中的春天一样美好。转眼春去秋来，园中葵到了秋天，叶子变得焦黄枯萎，万物也丧失了活力。人生也是如此，由青春年少到长大再到老死。这是一个不可改变的自然规律。

诗人用“常恐秋节至”表达对“青春易逝”的珍惜。接着诗人联想到时光像东流的江河，一去不复返。而人的生命也是老死以后不能复生。从这里开始，诗歌讲了一个道理：自然界的万物都有一个春华秋实的过程，人生也有一个少年努力、老有所成的过程；假如一个人因“少壮不努力”，到老了还一事无成，岂不等于白白地空走人间一趟。

最后一句中的“徒”字意味深长：一是说老大无成，人生等于虚度了；二是说老年时才醒悟就太迟了，只留下无可奈何的伤悲，意思是强调应该好好珍惜时光，及早努力。

经典名句

少壮不努力，老大徒伤悲。

诵读指引

这首诗感叹生命可贵，要人珍惜时间。要重读其中具有教育意义的诗句，比如“少壮不努力，老大徒伤悲”，语气稍微加重，并舒缓一些，尤其“不”“徒”两个字要强调重读。节奏如下：

长歌行

青青/园中/葵，（起调平缓，不重不轻，带有描述景物的意思）
朝露/待日/晞。（“朝露”呈上行语势，稍重读，“待日”放缓）
阳春/布/德泽，（“阳春”呈上行语势，“布”稍微停顿，并重读）
万物/生/光辉。（“万物”呈下行语势，“生”延长语调）
常恐/秋节/至，（“常”呈上行语势，“恐”读出三声起伏感）
焜黄/华叶/衰。（“焜黄”呈下行语势且舒缓，“华叶”读出二声、四声的起伏感）
百川/东/到海，（语气再次平静舒缓，“百川”呈上行语势）
何时/复/西归？（“复”重读，并适当停顿，“西归”延长语调）
少壮/不/努力，（“少壮”呈上行语势，“不努力”重读并连读）
老大/徒/伤悲。（“老大”重读，读出顿挫感，“徒”重读，“伤悲”声音延长）

观[1]沧[2]海[3]

cāng

G－3

（汉）曹操

东临[4]碣石[5]，以观沧海。

jié

水何[6]澹澹[7]，山岛竦峙[8]。

dàn dàn sǒng zhì

树木丛生，百草丰茂。

秋风萧瑟[9]，洪波[10]涌起。

xiāo sè

日月[11]之行，若[12]出其中。

星汉[13]灿烂，若出其里。

幸甚至哉，歌以咏志[14]。

zāi yǒng

（绘图：2019 级泰国学生　王月华）

词语解释

[1] 观：欣赏。

[2] 沧：通“苍”，青绿色。

[3] 海：渤海。

[4] 临：登上，有游览的意思。

[5] 碣石：山名。碣石山，在现在河北昌黎。汉献帝建安十二年（207）秋天，曹操北征乌桓时经过此地。

[6] 何：多么。

[7] 澹澹：水波摇动的样子。

[8] 竦峙：高高地耸立。竦：通“耸”，高起。峙：挺立。

[9] 萧瑟：草木被秋风吹动的声音。

[10] 洪波：汹涌澎湃的波浪。

[11] 日月：太阳和月亮。

[12] 若：如同，好像是。

[13] 星汉：银河。

[14] 幸甚至哉，歌以咏志：乐府歌结束用语，不影响全诗的内容与感情。意思是太值得庆幸了！就用诗歌来表达心志吧。幸：庆幸。甚：极其，非常。至：极点。哉：语气词。以：用（歌以咏）。咏：歌吟。志：理想。咏志：表达心志。

古诗今译

向东行，登上碣石山，来观赏那苍茫的大海。海水多么宽阔浩荡啊，山岛高高地挺立在海边。树木和百草丛生，十分繁茂。秋风吹来，草木动摇，海中涌着巨大的海浪，在翻卷呼啸。太阳和月亮的运行，好像是从这广阔的海洋中发出的。天上的银河与星星光芒灿烂，好像是从这广阔的海洋中产生出来的。啊，庆幸得很，让我们尽情歌唱，就用这首诗歌来表达内心的志向吧。

作者简介

曹　操

字、号：字孟德

籍贯：沛国谯县（今安徽亳州）

生卒年：155—220

身份：汉代政治家、军事家、文学家

获荣誉称号：与其子曹丕、曹植合称为“三曹”，是建安文学的代表

代表作：诗歌《观沧海》《龟虽寿》《短歌行》；《魏武帝集》等

作品赏析

这首诗是曹操带着军队北征后胜利归来，途中登上碣石山时所作。诗人借大海的雄伟壮丽景象，表达了自己渴望建功立业、统一天下的雄心壮志和宽广的胸襟。

诗歌开头两句点明“观沧海”的位置：诗人登上碣石山顶，居高临海，视野非常开阔，大海的壮阔景象一览无遗。接下来的十句描写，都由此而来。整首诗前八句描写沧海景象，有动有静，如秋风、洪波是动景，山岛、树木、百草是静景。既写了远处那突兀耸立的山岛，又写了近处波涛汹涌的海浪，使大海显得神奇壮观。最后诗人展开想象，“日月之行，若出其中。星汉灿烂，若出其里”描绘了大海吞吐日月、包蕴万千的壮丽景象，既刻画了高山大海的壮阔，更表达了诗人以景托志、胸怀天下的壮志情怀。

法国作家雨果曾经说：“世界上最宽阔的是海洋，比海洋更宽阔的是天空，比天空更宽阔的是人的胸怀。”同理，《观沧海》虽描绘的是大海的波浪、天空的日月星汉，但是诗人想要抒发的是自己博大的胸怀、宏大的抱负。

经典名句

日月之行，若出其中。星汉灿烂，若出其里。

诵读指引

这是一首气势磅礴的诗歌，要注意读出感情来。第一、二句开头的“东”“以”后都要稍微停顿。第三、四、五、六句语气平静，表现景物的美丽。到了“秋风”之后，感情开始激烈，语气加强，重读。“日月之行，若出其中。星汉灿烂，若出其里”要读得急一些，中间停顿少一些，但语气要加重。最后两句，则重新变得舒缓，“咏志”两个字语气加重，语音拖长。节奏如下：

观沧海

东临/碣石，以观/沧海。（起调舒缓，“以观”重读）

水何/澹澹，山岛/竦峙。（“澹澹”重读，“竦峙”重读）

树木/丛生，百草/丰茂。（语调重新回归平静舒缓）

秋风/萧瑟，洪波/涌起。（“秋风萧瑟”重读，语势平，“洪波涌起”重读，语势上升）

日月之行，若出/其中。（“日月之行”连读，“行”语音拖长，“若出”后稍停顿，“其中”语势上升）

星汉灿烂，若出/其里。（“星汉灿烂”连读，“若出”后稍停顿，“其里”读降调）

幸甚/至哉，歌以/咏志。（语气重新舒缓，“歌以”重读）

（绘图：2020 级老挝学生　谢修荣）

tiáo

古诗十九首·迢迢[1]牵牛星[2]

G－4

jiǎo
迢迢牵牛星，皎皎[3]河汉女[4]。
zhuó zhá
纤纤[5]擢素手[6]，札札弄机杼[7]。
qì tì
终日不成章[8]，泣涕[9]零[10]如雨。
河汉清且浅，相去[11]复几许[12]！
jiàn mò
盈盈[13]一水间[14]，脉脉[15]不得语。

（绘图：2019级印度尼西亚学生　黄美凤）

词语解释

［1］迢迢：遥远的样子。

［2］牵牛星：隔着银河和织女星相对，俗称“牛郎星”，在银河的南边。

［3］皎皎：明亮的样子。

［4］河汉女：银河边上的那个女子，指织女星，在银河北边。河汉：即银河。

［5］纤纤：纤细柔长的样子。

［6］擢素手：伸出细长而白皙的手。擢：引、抽，接近伸出的意思。素：洁白。

［7］札札弄机杼：正摆弄着织机（织着布），发出札札的织布声。弄：摆弄。杼：织机的梭子。

［8］终日不成章：此句是用《诗经·小雅·大东》语意，说织女终日也织不成布。《诗经》原意是织女徒有虚名，不会织布，而这里则是说织女因害相思而无心织布。章：指布帛上的经纬纹理，这里指整幅布帛。

［9］涕：眼泪。

［10］零：落下。

［11］相去：相离，相隔。去：离。

［12］复几许：又能有多远。几许：多少。

［13］盈盈：水清澈、晶莹的样子。

［14］一水间：一水：指银河。间：间隔，相隔。

［15］脉脉：默默地用眼神或行动表达情意。

古诗今译

看那遥远的牵牛星、明亮的织女星，织女伸出细长而白皙的手，摆弄着织机织着布，发出札札的织布声。她一整天也没织成一段布，哭泣时眼泪如同下雨般落下来。这银河看起来又清又浅，牛郎和织女相距好像也没有多远。虽然只隔着一条清澈的银河，但他们只能含情凝视，无法用语言交谈。

作品赏析

这首《迢迢牵牛星》收录于《古诗十九首》，大约产生于将近两千年前的东汉末年，作者不详。在中国北方夏天的夜晚，人们抬头就能看到银河两边有两颗明亮的星星——织女星和牵牛星。两千五百多年前的古人在《诗经》中就有关于它们的诗句。在一代又一代的传说中，古人讲述着有关牛郎和织女美丽的爱情故事。

这首《迢迢牵牛星》借传说中牛郎、织女被银河隔开而不能相聚的悲剧，抒发了因爱情遭受挫折而痛苦忧伤的心情。第一、二句以“迢迢”写牛郎，写的是织女心里的感觉，让人联想到远在他乡的游子，以“皎皎”写织女，则让人联想到女性的美。第三、四句中的“纤纤”和“素”写织女的手纤细柔长、白嫩娇美，“擢”写织女伸手摆动的劳动姿态。“札札”写织布机的声音，“弄”字形象地写出了梭子在织布机上的飞动，同时也写出了织女织布技艺高超。“终日不成章，泣涕零如雨”，写织女在思念着她的丈夫，心情悲伤，泪流如雨，完全没有心情织布。最后四句是诗人的感叹：那阻隔了牛郎和织女的银河又清又浅，牛郎与织女相隔也并不远，却只能遥遥相望，不能跨过银河来相聚，不能互相倾诉相思之情。

这首诗虽然写的是天上牛郎和织女的故事，表达的却是人们身边的情感。多少人间的夫妻和情侣，出于各种原因天各一方，聚少离多，人生总是无奈多一些。这也正是这首诗的动人之处。

经典名句

盈盈一水间，脉脉不得语。

诵读指引

朗读这首爱情诗时，语气要舒缓，读出感情。前四句的开头两个重复的字“迢迢”“皎皎”“纤纤”“札札”注意拖长语音，读慢一些。中间的第五、六句语气舒缓，读出伤心的感觉。第八句是感叹句，语气加强。最后两句读得更加舒缓，语气更强。

古诗十九首·迢迢牵牛星

迢迢/牵牛星，（“迢迢”语调舒缓，升调，停顿延长）
皎皎/河汉女。（“皎皎”三声读出起伏感，重读）
纤纤/擢/素手，（“纤纤”声音拖长，停顿延长）
札札/弄/机杼。（“札札”重读，语调舒缓）
终日/不/成章，（语调舒缓，“不”重读，表现出伤心的感觉）
泣涕/零/如雨。（“泣涕”重读，“如雨”读升调，表现出伤心的感觉）
河汉/清且浅，（“河汉”重读，“清且浅”轻读）
相去/复几许！（“复几许”语调加强，表达感叹语气）
盈盈/一水间，（“盈盈”语调舒缓，“间”后面停顿延长）
脉脉/不得语。（“脉脉”重读，声音拖长，“语”读出三声起伏感）

宣州谢朓（tiǎo）楼饯（jiàn）别校（jiào）书叔云[1]

G－5

（唐）李白

弃我去者，昨日之日不可留；
乱我心者，今日之日多烦忧。

长风万里送秋雁，对此可以酣（hān）[2]高楼。
蓬莱文章[3]建安骨[4]，中间小谢[5]又清发。
俱怀逸兴[6]壮思飞，欲上青天览[7]明月。
抽刀断水水更流，举杯消愁愁更愁。
人生在世不称（chèn）意[8]，明朝[9]散发[10]弄扁（piān）舟[11]。

（绘图：2019 级印度尼西亚学生　翁丽慧）

词语解释

[1] 宣州谢朓楼饯别校书叔云：在宣州谢朓楼送别我的叔叔校书李云。宣州：安徽宣州。谢朓楼：宣州的一处风景。饯别：送行。校书：官名。叔云：李白的叔叔李云。

[2] 酣：畅饮。

[3] 蓬莱文章：指李云的文章像东汉时期的文章风格。蓬莱：这里指东汉时期藏书的地方。

[4] 建安骨：东汉建安时期，诗文风格刚健有力，被称为“建安风骨”。

[5] 小谢：指谢朓。据说他的诗歌清新俊逸，即“小谢又清发”。

[6] 逸兴：飘逸豪放的兴致。

[7] 览：通“揽”，摘取。

[8] 称意：称心如意。

[9] 明朝：明天。

[10] 散发：古人头发是束起来的，披散头发指自由自在。意思是隐居不当官。

[11] 扁舟：小舟，小船。

古诗今译

离我远去的，是不能留下的昨天。让我烦恼的，是很多烦恼的今天。长风万里送来了秋天的大雁，看到此景，可以开怀在高楼上尽情饮酒。汉代的文章有建安风骨，还有谢朓那样清秀的文风。我们都怀有飘逸豪放的思想，想要飞到天上去摘取明月。抽刀断水，可是水流得更快；喝酒消愁，却让人愁上加愁。人生在世不能够称心如意，倒不如明天就散发离开，去划着小船，自由自在地生活。

作者简介

李 白

字、号：字太白，号青莲居士

籍贯：陇西成纪（今甘肃秦安）

生卒年：701—762

身份：唐代浪漫主义诗人

获荣誉称号：“诗仙”

代表作：《静夜思》《望庐山瀑布》《行路难三首》《蜀道难》《将进酒》等

作品赏析

作为一首送别诗，《宣州谢朓楼饯别校书叔云》的情感转折了好几次。诗歌一开头写昨日的离去，又写今日的烦恼。这样的句子写出了诗人对人生、对时间苦恼的感情。诗歌接着回到送别，秋天的时候，诗人和叔叔李云在谢朓楼看大雁远飞，开怀畅饮，饮酒作诗。谈论诗文时，诗人的心情飘逸豪放，甚至想要去天上摘月亮。但是诗歌最后四句的感情突然又沉闷了下来。刀不能砍断流水，酒不能消除忧愁。诗人最后想到如果人生不能如意，明天不如自由自在地划一艘小船漂泊在江湖之上。

这首诗描写烦恼、忧愁心情的诗句非常有名，被人传诵至今。诗歌语言自然朴实，又极富文采，感情像江水一样浩荡而下，自然真实。

经典名句

弃我去者，昨日之日不可留；乱我心者，今日之日多烦忧。

抽刀断水水更流，举杯消愁愁更愁。人生在世不称意，明朝散发弄扁舟。

诵读指引

《宣州谢朓楼饯别校书叔云》是一首抒情诗，情感浓郁，朗读基调要激昂一些。关键的抒情句子，语气加强，节奏适当变化。

宣州谢朓楼饯别校书叔云

弃我/去者，昨日/之日/不可留；（开头放慢语速，“弃我”稍拖长，“昨日之日”语气舒缓，表现出忧愁的心情）

乱我/心者，今日/之日/多烦忧。（“乱我”重读，“今日之日”语速加快，“烦忧”拖长语调，表现出更强调的忧愤情绪）

长风/万里/送秋雁，对此/可以/酣高楼。（“长风万里”语势上升，“酣高楼”语势更高，表现聚会时高兴的心情）

蓬莱/文章/建安骨，中间/小谢/又清发。（这两句语速较快，表现出自豪的心态）

俱怀/逸兴/壮思飞，欲上/青天/览明月。（语速较快，表现出诗人豪迈的想象）

抽刀断水/水更流，举杯/消愁/愁更愁。（语速突然转慢，“抽刀断水”连读，然后再适当停顿，“水更流”语势下行，“举杯消愁”语势上升，“愁更愁”再次下行，最后一个“愁”字拖长）

人生/在世/不称意，明朝/散发/弄扁舟。（“人生在世”语势上升，“不称意”重读，语势下降，“明朝散发”语势上升，“弄扁舟”拖长语调，但不重读，表现出一种潇洒的姿态）

拟行路难其四

G－6

（南北朝）鲍照

泻水[1]置平地，各自东西南北流。

人生亦有命，安能行叹复坐愁？

zhuó

酌酒[2]以自宽，举杯断绝歌路难。

zhí zhú

心非木石岂无感？吞声踯躅[3]不敢言。

（绘图：2019级马来西亚学生　孙佳颖）

词语解释

[1] 泻水：往地面上倒水。

[2] 酌酒：喝酒。

［3］吞声踯躅：吞声：不敢出声。踯躅：徘徊不前，很犹豫。

古诗今译

如果往平地上倒水，那么水就会向东西南北不同方向流去。人的一生都会有各自的命运，所以怎么能走路时叹息、忧愁，坐下来时还叹息、忧愁呢？喝酒来让自己获得安慰，举杯喝酒让我中断了唱《行路难》。人心不是草木，怎么会没有感情呢？可是忍气吞声、犹豫再三，我还是不敢多说什么。

作者简介

鲍　照

字、号：字明远

籍贯：京口（今江苏镇江）

生卒年：约415—466

身份：南北朝文学家

获荣誉称号：被称为“鲍参军”

代表作：诗作《拟行路难》十八首等

作品赏析

这是一首感情悲愤的诗歌，诗人反对的是当时社会的不公平制度。当时出生高门贵族的人，一生都是荣华富贵、享乐无尽；而出身寒门低贱的人，不管你再有才华、能力，也改变不了一生穷困潦倒的情况。这首诗一开头就用了一个生动的比喻，人生的命运就像水倒在地上，各自有各自的方向。命运已经决定好了，不论人如何忧愁，都没有用。

诗人希望用喝酒来安慰自己，却让自己更加忧愁痛苦。而且，人心不像草木那样没有感情的起伏，但是诗人最后忍气吞声，不敢埋怨。这里更加反映出当时诗人遇到的人生痛苦。

经典名句

泻水置平地，各自东西南北流。
人生亦有命，安能行叹复坐愁？

诵读指引

《拟行路难·其四》是一首抒情诗，感情悲愤，朗读时语气要时而低沉、时而高亢。前面六句语气要适当低沉，第七、八句语气稍微高亢，但是“吞声踯躅不敢言”中的“不敢言”则重新回到低沉，表现出诗人有怒不敢说的心情。节奏如下：

拟行路难·其四

泻水/置/平地，（语速较慢，“泻水”二字语势上升，后面语势下降）
各自/东西/南北/流。（“各自”重读，“东西南北”语速较快）
人生/亦有/命，（语速放慢，“人生”语势上升，之后语势下降）
安能/行叹/复坐/愁？（“安能”重读，“愁”字语势上升，读出反问语气）
酌酒/以/自宽，（语速较慢，“以”后稍停顿）
举杯/断绝/歌/路难。（“举杯”重读并拖长，“断绝”重读不拖长）
心非/木石/岂无感？（“心非”语势上升，“木石”语势下降，然后“岂无感”语势又上升，表现出忧愤心态）
吞声/踯躅/不敢言。（语速放缓，一字一顿，“吞声”语势上升，然后“踯躅”语势下降，“不敢言”更下降，并且语调转为低沉）

苏幕遮[1]·怀旧

G－7

（宋）范仲淹

碧云天，黄叶地，秋色连波，波上寒烟翠。山映斜阳天接水[2]，芳草无情[3]，更在斜阳外。

黯(àn)乡魂[4]，追旅思(sì)[5]，夜夜除非，好梦留人睡。明月楼高休独倚(yǐ)[6]，酒入愁肠，化作相思泪。

（绘图：2019 级泰国学生　王月华）

词语解释

［1］苏幕遮：词牌名。

［2］山映斜阳天接水：斜阳照映着山，水天相接。

［3］芳草无情：古人常因草生长得漫无边际而以草比喻离别之情，这里是说芳草引起了诗人的离愁，但依然自顾自地蔓延到天边，所以说芳草无情。

［4］黯乡魂：思念家乡而黯然神伤。黯：心情沮丧。乡魂：思乡的情感。

［5］追旅思：缠绕不断的旅居异乡的愁思。追：追随，纠缠。旅思：旅居在外的愁思。思：按照词牌平仄这里读第四声。

［6］明月楼高休独倚：中国古代女子思念远方之人时，常常会登上高楼，倚着栏杆望远。这里是词人的想象之词，想象家中亲人会登楼望远，所以劝她不要独自倚栏眺望，免得伤心难过。休：不要。

古词今译

碧云蓝天，黄叶满地，秋色与水波相连，水波上笼罩着苍翠而带有寒意的秋烟。斜阳照在山上，水天相接，不懂离别之苦的芳草一直生长到夕阳之外的天边。思念故乡令人神伤，旅居异乡的愁思缠绕不断，每天夜里除非是美梦才能留人入睡。明月之下（你）不要独自倚栏远望，我喝的酒入了愁肠，都化作了思念你的眼泪。

作者简介

范仲淹

字、号：字希文，谥号文正

籍贯：苏州吴县（今江苏苏州）

生卒年：989—1052

身份：宋代政治家、文学家

获荣誉称号：世称“范文正公”

代表作：《岳阳楼记》《渔家傲·秋思》《苏幕遮·怀旧》等；《范文正公集》

作品赏析

这是一首思乡怀人的词。词的上片写景，写秋天高远阔大的景色，“碧云”“黄叶”“寒烟翠”，秋天绚烂的色彩如在目前。在这无边的秋色中，最引动词人情思的是那延伸到天边的芳草，不懂得离愁似的漫天生长，就好像词人此时割不断理还乱的思乡之情。词的下片自然地转入抒情，词人客居在外，对家乡和亲人的思念常常搅扰得他夜夜难以入睡，只有奢望能在梦中和亲人欢聚在一起，得到短暂的快乐。词的结尾更显出词人的款款深情，词人猜想远方的亲人可能会登楼盼望自己回来，可除了叮嘱她“休独倚”、别太伤心之类的话以外，他什么也做不了，只有借酒浇愁，可没想到喝下去的酒又化作了相思的眼泪流了出来。

经典名句

碧云天，黄叶地，秋色连波，波上寒烟翠。

酒入愁肠，化作相思泪。

诵读指引

读这首词的上片时，先要理解词中的思乡念远之情是通过对秋天景色的描绘传达出来的，但所写秋景并不衰败颓废，而是颜色绚烂，给人以天地辽阔、高远之感。只有无情的芳草才触动了词人的离情，此处语调可做适当改变。

下片情感基调相对低沉，但语调上依然有变化，在“夜夜除非，好梦留人睡”上表达出词人是故作痛快，结尾“酒入愁肠，化作相思泪”一句的重音强调“酒”和“相思泪”。节奏如下：

苏幕遮·怀旧

碧云/天，黄叶/地，（语速放慢，“碧云天”呈上行语势，“黄叶地”呈下行语势）

秋色连波，波上/寒烟/翠。（“秋色连波”连读，“波上”稍停顿，“寒烟”呈上行语势，“翠”呈下行语势）

山映/斜阳/天接水，（语速舒缓，“山映斜阳”轻读，“天”重读，“接”语调上扬，“水”读出起伏感）

芳草/无情，更在/斜阳外。（语速舒缓，“更在”重读，“斜阳”呈上行语势，“外”采用下行语势）

黯/乡魂，追/旅思，（语调低沉，“黯”“追”相对重读，读出顿挫感）

夜夜/除非，好梦/留人睡。（语速稍快，“夜夜”重读，下行语势，“好梦”呈上行语势）

明月/楼高/休独倚，（“明月楼高”呈上行语势，“休”重读，稍拖长）

酒入/愁肠，化作/相思泪。（“酒”重读，“愁肠”语速放慢，拖长读音，“相思泪”重读，“相思泪”一字一顿，表现出思念之情）

望海潮[1]·东南形胜[2]

G-8

（宋）柳永

东南形胜，三吴[3]都(dū)会，钱塘[4]自古繁华。烟柳画桥[5]，风帘翠幕[6]，参差(cēn cī)[7]十万人家。云树[8]绕堤(dī)[9]沙，怒涛[10]卷霜雪[11]，天堑(qiàn)[12]无涯。市列珠玑(jī)[13]，户盈[14]罗绮(qǐ)[15]，竞豪奢(shā)[16]。

重(chóng)湖[17]叠巘(yǎn)[18]清嘉[19]，有三秋[20]桂子，十里荷花。羌(qiāng)管[21]弄[22]晴，菱(líng)歌泛夜[23]，嬉嬉钓叟(sǒu)莲娃[24]。千骑(jì)拥高牙[25]，乘醉听箫(xiāo)鼓，吟赏烟霞[26]。异日[27]图[28]将好景，归去凤池[29]夸。

（绘图：2018 级印度尼西亚学生　谢承良）

词语解释

［1］望海潮：词牌名，为柳永首创。词调取名和钱塘江观潮有关。

［2］形胜：指地理位置优越。

［3］三吴：即吴兴（今浙江省湖州市）、吴郡（今江苏省苏州市）、会稽（今浙江省绍兴市）三郡。

［4］钱塘：今浙江省杭州市，五代时的吴越曾建都在此。

［5］烟柳画桥：柳树朦胧如烟，桥梁雕饰华美。

［6］风帘翠幕：挡风的门帘和翠绿的帐幕。

［7］参差：高低不齐的样子。

［8］云树：树木如云，极言其多。

［9］堤：钱塘江大堤。

［10］怒涛：汹涌的潮水。

［11］霜雪：比喻浪花。

［12］天堑：天然的壕沟，这里指钱塘江。堑：坑。

［13］珠玑：这里指珠宝等珍贵商品。

［14］盈：充满。

［15］罗绮：绫罗绸缎。

［16］竞豪奢：争着讲究豪华奢侈。奢：为句尾押韵，这里读 shā。

［17］重湖：西湖以白堤为界，分为里湖和外湖，所以称重湖。

［18］叠巘：层层叠叠的山峰，这里指西湖周围的山。巘：小山峰。

［19］清嘉：秀丽。

［20］三秋：指秋季。七月称孟秋，八月称仲秋，九月称季秋，合称三秋。

［21］羌管：羌笛，这里泛指乐器。

［22］弄：吹奏。

［23］菱歌泛夜：夜归的采菱船上歌声一片。菱：菱角。泛：漂流。

［24］钓叟莲娃：钓鱼的老人、采莲的女子。

［25］牙：牙旗，将军用的旗帜。这里代指镇守杭州的将军孙何。

［26］吟赏烟霞：歌咏和观赏山水景色。

［27］异日：他日，指日后。

［28］图：描绘。

［29］凤池：即凤凰池，此处代指朝廷。

古词今译

杭州地处东南，地理位置优越，是三吴的都会，自古以来就十分繁华。柳树如烟，桥饰如画，微风吹起门帘和青绿色的帐幕，房屋高高低低，大约有十万户人家。茂盛如云的树木围绕着钱塘江大堤，汹涌的潮头翻卷起像霜雪一样的浪花，钱塘江江面一望无际。市场上陈列着珠玉珍宝，家家都存满了绫罗绸缎，争相比赛着奢侈豪华。

西湖和周围重叠的山峰清秀美丽，这里的秋天有桂花飘香，夏天有十里荷花。晴天吹奏着羌笛，夜晚划船采菱唱歌，钓鱼的老人、采莲的姑娘都嬉笑愉快。千名骑兵簇拥着将军孙何，乘醉听着吹箫击鼓，吟唱观赏着湖光山色。将来可以把这美好的景色画出来，回京城时向朝廷夸耀。

柳　永

字、号：原名三变，字景庄，后改名永，字耆卿。排行第七，又称柳七。官至屯田员外郎，故世称柳屯田

籍贯：福建崇安（今福建武夷山）

生卒年：约984—1053

身份：宋代词人

获荣誉称号：婉约派最具代表性的人物之一

代表作：词作《雨霖铃·寒蝉凄切》《八声甘州》等；《乐章集》

作品赏析

这首词是柳永对杭州繁华都市景象的赞美。词作层层铺叙，层次分明又曲折婉转。一开始，写杭州重要的地理位置、悠久的历史，“烟柳画桥，风帘翠幕，参差十万人家”一句，写出了杭州的河桥、住宅之美，人口十分稠密。紧接着写杭州钱塘江有名的大潮，再转回城市的繁盛。词的下片写西湖美景，既有静态的景物，重湖、飘香的桂子、弥望的荷花，又有动态的人的活动，人们的歌唱、钓鱼的老翁、采莲的女子，动静结合，呈现出社会上下阶层一片和谐的欢乐美景，最后词人将杭州的治理繁盛归功于将军孙何，称赞将军既儒雅风流，还能与民同乐，并提前祝贺将军升迁。

宋人笔记记载，后来北方的金朝皇帝完颜亮看到这首词后，对词中描写的“三秋桂子，十里荷花”的杭州向往不已，于是起兵南下，进攻南宋。当然，战争的发动不可能只受一首词的影响，但可以看出这首词文辞之美、流传之广。

经典名句

有三秋桂子，十里荷花。

诵读指引

诵读这首词之前首先一定要理解这首慢词的内容，如果你没有到过杭州，也可以通过文字描写想象杭州城市的繁华和西湖山水之美，这样才可能在诵读时做到声、情、文的统一。这首词基本上每三小句为一层意思，又互有联系，诵读时要注意层次感。

上片的开头六个小句，具有节奏感，朗读时候稍快，连贯起来读。之后的“云树绕堤沙，怒涛卷霜雪”，关键词是“绕”和“卷”，要重读。下片的开头六句，也稍微读快一些。最后两句，稍微放慢速度，语气加重，“夸”稍微拖长读音。节奏如下：

望海潮·东南形胜

东南/形胜，三吴/都会，钱塘/自古/繁华。（语速较快，读出欢快的心情。“东南”“三吴”重读，“南”“吴”读音稍拖长）

烟柳/画桥，风帘/翠幕，参差/十万/人家。（语速较快，读出二字一顿的节奏感）

云树/绕/堤沙，怒涛/卷/霜雪，天堑/无涯。（语速较快，“绕”“卷”重读，前二句读出对仗的节奏感）

市列/珠玑，户盈/罗绮，竞/豪奢。（语速由快转慢，“竞”字稍停顿，“豪奢”采用上行语势）

重湖/叠巘/清嘉，有/三秋/桂子，十里/荷花。（语速较快，“有”稍停顿）

羌管/弄晴，菱歌/泛夜，嬉嬉/钓叟/莲娃。（语速较快，读出二字一顿的节奏感）

千骑/拥/高牙，乘醉/听/箫鼓，吟赏/烟霞。（语速较快，“拥”“听”重读，前二句读出对仗的节奏感）

异日/图将/好景，归去/凤池夸。（语速由快变慢，“异日”重读并稍停顿，上行语势，“图将”重读，上行语势，“将”读音稍拖长，“归去”重读，后稍停顿）

江城子[1]·密州[2]出猎[3]

G-9

（宋）苏轼

老夫[4]聊[5]发少年狂[6]，左牵黄，右擎(qíng)苍[7]，锦帽貂裘(diāoqiú)[8]，千骑(jì)卷平冈[9]。为报[10]倾城[11]随太守[12]，亲射虎，看孙郎[13]。

酒酣(hān)胸胆尚开张[14]，鬓[15]微霜[16]，又何妨！持节云中，何日遣(qiǎn)冯唐[17]？会挽雕(diāo)弓如满月[18]，西北望，射天狼[19]。

（绘图：2019 级印度尼西亚学生　黄美凤）

词语解释

［1］江城子：词牌名。

［2］密州：在今山东省诸城市。

［3］出猎：出外打猎。

［4］老夫：作者自称，其实苏轼当时还不到四十岁。

［5］聊：暂且。

［6］狂：狂妄。

［7］左牵黄，右擎苍：左手牵着黄狗，右臂架着苍鹰。古人打猎时用狗和鹰追捕猎物。

［8］锦帽貂裘：戴着华美的帽子，穿着貂鼠皮的衣服。这是指随军将士的服装。

［9］千骑卷平冈：形容兵马众多，席卷过山冈。

［10］为报：为了报答。

［11］倾城：全城的人。

［12］太守：古代州府的行政长官，这里是作者自指。

［13］孙郎：三国时期东吴的孙权曾骑马射虎，这里是作者自喻。

［14］酒酣胸胆尚开张：尽情畅饮，胸怀开阔，胆气豪壮。尚：更。

［15］鬓：额角边的头发。

［16］霜：白。

［17］持节云中，何日遣冯唐：什么时候朝廷可以派冯唐带着传达圣旨的符节，到云中赦免云中太守魏尚的罪呢？汉文帝时，魏尚为云中太守（云中是汉代的郡名，在今内蒙古自治区托克托县一带）。他爱惜士卒，优待军吏，匈奴远避。匈奴曾一度来犯，魏尚亲自出击，所杀甚众。但是因为报功文书上的杀敌数字与实际不合（虚报了六个），被削职。后来，冯唐认为判得过重，代为解释，汉文帝就派冯唐持节（带着传达圣旨的符节），去赦免了魏尚的罪，让魏尚仍然担任云中太守。此时的苏轼因政治上处境不好，调任密州太守，就以魏尚自许，希望也能得到朝廷的信任。

［18］会挽雕弓如满月：会：应当。挽：拉。雕弓：弓背上雕有花纹的弓。满月：圆月。

［19］天狼：星名，古时人们认为它象征着侵略，这里比喻的是侵犯北宋的辽国与西夏。

古词今译

老夫我暂且抒发一下少年般打猎的狂热，左手牵着黄狗，右臂架着苍鹰。戴上锦帽穿好貂裘，率领千骑随从，席卷过平展的山冈。为了报答全城人跟随我出猎的盛意，看我亲自射杀猛虎，好像当年的孙郎。

我尽情欢饮啊，胸怀开阔、胆气更加豪壮，鬓角微微有些白发，又有何妨！朝廷什么时候能像汉文帝派遣冯唐那样，派人拿着符节去边地云中？那时我定将使尽力气拉满雕弓，瞄准西北方，射杀侵犯的敌人。

作者简介

苏　轼

字、号：字子瞻，号东坡居士

籍贯：眉州眉山（今四川眉山）

生卒年：1037—1101

身份：宋代文学家、书法家、画家

获荣誉称号：“唐宋八大家”之一；追赠太师，谥号“文忠”

代表作：诗文《赤壁赋》《题西林壁》等；词作《水调歌头·明月几时有》《念奴娇·赤壁怀古》等

作品赏析

这首词作于宋神宗熙宁八年（1075）冬，当时的苏轼因与新政不合，主动要求外放，任密州知州。虽然身在偏远地方，但他内心时刻关心着国家西北边境的安全，期望自己能建功报国，有所作为。这首词题为“密州出猎”，紧紧围绕着“出猎”展开笔墨，上片写出猎的盛况。词人以“老夫”自居，其实这时候的苏轼还不到四十岁，处在盛年，“少年”的豪壮与狂态不减，左牵黄犬，右擎苍鹰，千骑卷过平冈，出猎郊外。他的身后是大队人马簇拥，倾城出动，盛况空前，足见苏轼在当地深得民心。词的下片写自己豪迈的气概、杀敌卫国的斗志。词人开怀畅饮，壮志凌云，以“鬓微霜，又何妨”否定了“老夫”之说，剩下来的只有“少年”的豪气。最后苏轼以汉文帝时的魏尚自比，希望有朝一日能够得到国家的重用。

这首词用典准确，用比巧妙，音韵铿锵，这些都与出猎的场面很好地结合在一起，增强了词作豪迈奔放的气势。

经典名句

会挽雕弓如满月，西北望，射天狼。

诵读指引

这是一首颇具代表性的豪放词，诵读时要注意体会和表达词人胸中豪迈之气，适宜比较激昂的语调，语速快慢结合。上片开始的五个小句，要连贯起来，朗读速度稍快。下片个别处如“持节云中，何日遣冯唐”略显低沉，表现出不能如愿的心情。最后结尾处“会挽雕弓如满月，西北望，射天狼”的语气加重，表现出坚定有力的情感，以显示保家卫国的雄心壮志。节奏如下：

江城子·密州出猎

老夫/聊发/少年狂，（句首语速稍慢，上行语势，“老夫”重读，“夫”读音拖长，“狂”语音拖长，读出诗人的自豪感）

左/牵黄，右/擎苍，（语速加快，读出节奏感）

锦帽/貂裘，千骑/卷/平冈。（语速较快，“卷”重读，前后稍微停顿）

为报/倾城/随太守，（语速正常，上行语势）

亲/射虎，看/孙郎。（语势加快，下行语势，读出节奏感）

酒酣/胸胆/尚开张，（语势稍舒缓，上行语势）

鬓/微霜，又/何妨！（“鬓微霜”呈下行语势，“又何妨”呈上行语势，读出反问句的语调）

持节/云中，何日/遣/冯唐？（语速放慢，“持节”“云中”读出停顿感，“遣”重读，语调上扬）

会挽/雕弓/如满月，（语速正常，“如”重读，“会挽雕弓”呈上行语势，“如满月”呈下行语势）

西北/望，射/天狼。（语速加快，“望”“射”重读，前句语势上行，后句下行）

一剪梅[1]·红藕(ǒu)[2]香残玉簟(diàn)[3]秋

G－10

（宋）李清照

红藕香残玉簟秋。轻解罗裳(cháng)[4]，独上兰舟[5]。云中谁寄锦书[6]来？雁字[7]回时，月满西楼。

花自飘零水自流。一种相思，两处闲愁[8]。此情无计可消除，才下眉头，却上心头[9]。

词语解释

[1] 一剪梅：词牌名。
[2] 红藕：红色的荷花。
[3] 玉簟：光滑似玉的精美竹席。
[4] 裳：古人穿的下衣，也泛指衣服。
[5] 兰舟：这里指小船。
[6] 锦书：书信的美称。
[7] 雁字：群雁飞时常排成“一”字或“人”字，诗文中以“雁字”称群飞的大雁。
[8] 一种相思，两处闲愁：同样的一种相思（互相思念着对方），只能分隔两地独自愁闷。
[9] 才下眉头，却上心头：意思是紧锁的眉头刚刚展开，却又在心里愁了起来。

古词今译

红色的荷花已经开败，花香已经散去，光滑如玉的竹席也透出秋的凉意。轻轻地解开罗裙换上便装，独自登上小船。天上白云朵朵，谁会给我寄来书信？雁群排成字飞来时，月光已经洒满了西楼。

落花独自飘零，水独自流淌。同样一种离别的相思，牵动起你我两地的闲愁。这种相思的离情实在是没有办法可以消除，刚从紧锁的眉间消失，又悄悄地缠绕上了心头。

（绘图：2018 级马来西亚学生　林学瑾）

作者简介

李清照

字、号：号易安居士

籍贯：齐州章丘（今山东济南章丘）

生卒年：1084—1155

身份：宋代词人

获荣誉称号：婉约词派代表，“千古第一才女”

代表作：词作《声声慢·寻寻觅觅》《一剪梅·红藕香残玉簟秋》等；诗作《夏日绝句》等；《易安居士文集》；词集《漱玉词》

作品赏析

这首词创作于李清照和丈夫赵明诚新婚后不久，赵明诚不得不离家外出做官。上片写多情的女词人找到一方锦帕，在上面题写了这首词送给丈夫，表达自己对丈夫的深挚情感，吐露别后的相思之苦。丈夫离家为官，她只有独自登舟游玩，翘首遥望，希望大雁会捎来丈夫的书信，盼来夫妻团圆的日子。下片写离别后的相思最为精彩。所谓“一种相思，两处闲愁”，词人思念着远行的丈夫，坚定地相信丈夫也同样思念着她，只有各自愁烦。人内心的愁烦一般都是难以言说的，但李清照用“才下眉头，却上心头”八个字就轻易地勾画出来，无形的情感有了可以追踪的痕迹。看似词人的眉头舒展开了，其实心头的愁结依然如故，也就是说相思之情是没有办法消除的！

经典名句

此情无计可消除，才下眉头，却上心头。

诵读指引

这首词抒发真切的相思之情，朗读时语气舒缓。要注意这首词句尾押韵的字，如“秋”“舟”“楼”“流”“愁”“头”等，读的时候声音低沉些，读这些字的韵母“ou”时，读音适当拖长。这样可以读出一种伤心、忧愁的感觉。节奏如下：

一剪梅·红藕香残玉簟秋

红藕/香残/玉簟秋。(语速较慢，起调稍低沉，读出忧愁的感觉)

轻解/罗裳，独上/兰舟。(语速较慢，“罗裳”拖长，“独上”语调可上扬)

云中/谁寄/锦书来？(语速较慢，“谁寄”后稍微停顿，“锦书来”呈上行语势)

雁字/回时，月满/西楼。(语速较慢，“雁字”“月满”重读，并稍停顿)

花自/飘零/水自流。(语速较慢，“飘零”重读，并稍微停顿，“流”字拖长读音)

一种/相思，两处/闲愁。(语速正常，“一种”“两处”重读，读出二者之间的对仗感)

此情/无计/可消除，(语速较慢，“此情”呈上行语势，“情”重读，拖长读音，“无计”呈下行语势，“可”重读)

才下/眉头，却上/心头。(语速较慢，“才下”读出扬抑感，“却上”读出抑扬感。两个“头”稍重读，但不用拖长读音)

丑奴儿[1]·书博山[2]道中壁

G－11

（宋）辛弃疾

少年[3]不识[4]愁滋味，爱上层楼。爱上层楼，为赋（fù）新词强（qiǎng）[5]说愁。

而今识尽[6]愁滋味，欲说还（huán）休[7]。欲说还休，却道“天凉好个秋”！

（绘图：2018 级马来西亚学生　林学瑾）

词语解释

［1］丑奴儿：词牌名。

［2］博山：在今江西省上饶市广丰区西南。辛弃疾被罢职后退居江西上饶，常过博山。
［3］少年：指年轻的时候。
［4］不识：不懂得。
［5］强：勉强地，硬要。
［6］识尽：尝尽，深深懂得。
［7］休：停止。

古词今译

人年轻的时候不懂得忧愁的滋味，喜欢登上高楼。喜欢登上高楼，就是为了写出新词，没有愁而勉强说愁。

现在尝尽了忧愁的滋味，想要说却又说不出。想要说却又说不出，只好说道：“好个凉爽的秋天啊！”

作者简介

辛弃疾

字、号：原字坦夫，后改字幼安，别号稼轩

籍贯：历城（今山东济南）

生卒年：1140—1207

身份：宋代豪放派词人、爱国将领

获荣誉称号：有“词中之龙”之称；与苏轼合称“苏辛”；与李清照并称“济南二安”

代表作：《清平乐·村居》《西江月·夜行黄沙道中》《水龙吟·登建康赏心亭》《永遇乐·京口北固亭怀古》等

作品赏析

这首词构思十分独特。词人当时受到朝廷小人的排挤，不得不闲居在江西带湖，心中充满报国无路的痛苦。整首词通过对比“少年”和“而今”对待“愁”的不同态度，表达了词人历经风雨打击后沉痛而又复杂的心情。词的上片写年轻时的自己，未经世事，喜欢登高望远，指点河山，不知道真正的愁是什么滋味。词的下片笔锋一转，写如今的自己，已经尝遍了人生的“愁”，却终不能将“愁”明明白白地说出来，只能故作潇洒地开个玩笑，用一句“好个凉爽的秋天啊”遮掩过去。

相比于一般纸上谈兵的文人，辛弃疾是一位真正具有军事、政治才干的抗金战士。他的理想就是收复北方故土，在战场上建功立业，可惜他一生仕途不顺。这首词虽不是豪放辛词的代表作，但以平易浅近的语言含蓄地表现出其内心巨大的愁闷。

经典名句

少年不识愁滋味。

为赋新词强说愁。

诵读指引

诵读时把握这首词语浅而意深的特点，不需要慷慨激昂地称颂少年，而是注意处理好“爱上层楼”和“欲说还休”两句的反复吟唱，诵读时在这里可连读，适当缩减停顿时间。节奏如下：

丑奴儿·书博山道中壁

少年/不识/愁滋味，（语速较慢，“少年”重读，“不识”呈上行语势）

爱上/层楼。（语速加快，停顿较少）

爱上/层楼，（此句和上句连读，“爱上”重读，“楼”字拖长读音）

为赋新词/强说愁。（语速转慢，“为赋”重读，上行语势，“新词”和前面连读，但“词”后稍微停顿）

而今/识尽/愁滋味，（语速较慢，“而今”重读，上行语势，“尽”后稍微停顿）

欲说/还休。（语速正常，“休”字读音稍拖长）

欲说/还休，（此句和上句连读，“欲说”重读，“休”字拖长读音）

却道/“天凉/好个秋”！（语速前快后慢，“却道”呈下行语势，重读，“天凉”呈上行语势，语音延长，“好个”重读，“秋”读音拖长，表现出在秋天忧愁的心情）

相见欢[1]·无言独上西楼

G－12

（南唐）李煜

无言独上西楼，月如钩。寂寞梧桐深院锁清秋[2]。
剪不断，理还乱，是离愁[3]。别是一般[4]滋味在心头。

（绘图：2018 级印度尼西亚学生　谢承良）

词语解释

[1] 相见欢：词牌名。
[2] 锁清秋：被秋色深深地笼罩。清秋：一作深秋。
[3] 离愁：这里是指离开故国之愁。
[4] 别是一般：意思是另有一种意味。别是：一作别有。

古词今译

默默无语，我独自一人登上西楼。仰望夜空，残月如钩。寂寞的梧桐树孤零零地矗立在院中，幽深的庭院被笼罩在一片清冷凄凉的秋色之中。那既剪不断，又理不清，让人心乱如麻的，正是亡国之痛。这悠悠愁思缠绕在心头，却又是另一种不同的滋味。

作者简介

李　煜

字、号：初名从嘉，字重光，
　　　　号钟隐、莲峰居士

籍贯：徐州彭城（今江苏徐州）

生卒年：937—978

身份：南唐末代国君

获荣誉称号：以词的成就最高，被称为“千古词帝”

代表作：《虞美人》《浪淘沙》《乌夜啼》等

作品赏析

李煜是个优秀的词人，却不是一个称职的皇帝，他是一位亡国之君，南唐就灭在他的手上。这首词是他亡国之后的名篇，词牌名虽为“相见欢”，抒写的却是离愁，而且不是一般的离愁，是深沉的故国之思。写这首词时李煜已沦为囚徒，词中所表现的是他不得不离开故国的痛苦。

“无言独上西楼”，首句便刻画出词人的孤独愁苦神态。“月如钩。寂寞梧桐深院锁清秋”是他登楼所见之景，一弯如钩的残月勾起了词人的离愁别恨。俯视庭院，只见笼罩在清冷凄凉的秋色之中的庭院里，一株梧桐树寂寞地矗立在院中，此景此情，更加深了李煜心中所涌动的离愁别绪，那愁绪好像有千丝万缕，既剪不断，又理不清，让人心乱如麻，“别是一般滋味在心头”。作为一位亡国之君，其心中所感，既悔又恨，的确是常人所不曾领略的。

经典名句

剪不断，理还乱，是离愁。别是一般滋味在心头。

诵读指引

朗读这首诗，语气要舒缓，语音低沉一些。

相见欢·无言独上西楼

无言/独上/西楼，（语速较慢，“无言”拖长读音，然后稍微停顿，“独”重读，表达出孤独的心情）

月/如钩。（语速缓慢，“月”重读，“如钩”轻读）

寂寞/梧桐/深院/锁清秋。（语速由快到慢，“寂寞”“锁清秋”重读，下行语势）

剪/不断，理/还乱，是/离愁。（“剪不断，理还乱”连读，“乱”后停顿一下，“是”重读，并稍微停顿，表达一种哀愁的感觉）

别是/一般/滋味/在心头。（语气舒缓，“别是”重读，“在心头”延长声音，读出沉重感）

浣溪沙[1]·细雨斜风作晓寒

G－13

（宋）苏轼

元丰七年十二月二十四日，从泗州刘倩叔[2]游南山[3]。

细雨斜风作晓寒，淡烟疏柳媚[4]晴滩[5]。入淮清洛[6]渐漫漫[7]。

雪沫乳花[8]浮午盏[9]，蓼（liǎo）茸[10]蒿笋试春盘[11]。人间有味是清欢。

（绘图：2020 级老挝学生　谢修荣）

词语解释

［1］浣溪沙：原为唐玄宗时期教坊曲名，后用作词牌名。
［2］刘倩叔：名士彦，泗州人，生平不详。
［3］南山：安徽泗州东南部的一座山，景色清朗开阔，有“淮北第一山”之称。
［4］媚：美好。
［5］滩：指南山附近的十里滩。

［6］洛：即洛涧，又名洛河，是安徽境内的一条河流。

［7］漫漫：形容水势浩大。

［8］雪沫乳花：形容煎茶时茶水上面漂浮的白泡。宋代人们以茶泡制成白色为贵，黑色则贱。

［9］午盏：即午茶。

［10］蓼茸：蓼菜嫩芽。一作“蓼芽”。

［11］春盘：古代习俗，立春时人们常将蔬菜水果和糕饼等装在盘子里赠送给亲友。

古词今译

元丰七年十二月二十四日，跟随泗州刘倩叔一起游览南山。

清晨，斜风细雨，天气微寒，淡淡的烟雾和稀疏的杨柳使放晴后的沙滩显得更加妩媚。洛涧入淮后水势浩大，一片茫茫。

午茶时间，一盏乳白色的好茶，一盘新鲜脆嫩的蓼菜芽和蒿笋，人间真正有滋味的正是这种清淡的欢愉啊！

作者简介

苏　轼

字、号：字子瞻，号东坡居士

籍贯：眉州眉山（今四川眉山）

生卒年：1037—1101

身份：宋代文学家、书法家、画家

获荣誉称号：“唐宋八大家”之一；追赠太师，谥号“文忠”

代表作：诗文《赤壁赋》《题西林壁》等；词作《水调歌头·明月几时有》《念奴娇·赤壁怀古》等

作品赏析

苏轼是一位极富生活情趣的文人，这首词正是充满了生活情趣。严格来说，这首词里写的并不是一次完美的出游，因为起初天气并不尽如人意，“细雨斜风作晓寒”，不仅下雨，而且有些冷。然而，在词人眼中，“淡烟疏柳媚晴滩”，雨过天晴的沙滩在淡淡的烟雾和稀疏的杨柳的衬托下显得更加妩媚。面对这样的美景，喝上一盏好茶，再配上一盘新鲜果蔬，不就是这人世间最可贵的欢乐吗？

“人间有味是清欢”，这是苏轼对生活的感悟，也是其高雅的审美意趣和旷达的人生态度的体现。

经典名句

人间有味是清欢。

诵读指引

朗读这首词时可以试着想一想作者乐观的心情，语气平静、舒缓一些。

浣溪沙·细雨斜风作晓寒

细雨/斜风/作晓寒，（语速较慢，“细雨”呈下行语势，“斜风”呈上行语势，“作晓寒”缓读，平行语势）

淡烟/疏柳/媚晴滩。（语速转正常，“媚晴滩”缓读，平行语势）

入淮/清洛/渐漫漫。（语速正常，“渐漫漫”重读，平行语势）

雪沫/乳花/浮午盏，（语速较慢，“雪沫”呈下行语势，“乳花”呈上行语势，“浮午盏”缓读，上行语势）

蓼茸/蒿笋/试春盘。（语速转正常，“试春盘”缓读，下行语势）

人间/有味/是/清欢。（语速较慢，“人间有味”重读，“是清欢”缓读，上行语势，“是”后稍微停顿，读出喜悦之感）

天净沙[1]·秋思

G－14

（元）马致远

枯藤[2]老树昏鸦[3]，
小桥流水人家[4]，
古道[5]西风[6]瘦马。
夕阳西下，
断肠人[7]在天涯[8]。

（绘图：2018 级泰国学生　王玲玲）

词语解释

［1］天净沙：曲牌名，属北曲越调，用于剧曲、套数或小令。又名“塞上秋”。
［2］枯藤：枯萎的枝蔓。
［3］昏鸦：黄昏时飞回巢的乌鸦。昏：黄昏，傍晚。
［4］人家：这里指农家。
［5］古道：已经废弃不能再用的古老驿道，也指年代久远的驿道。
［6］西风：萧瑟、寒冷的秋风。
［7］断肠人：形容伤心悲痛到极点的人，这里指漂泊天涯、忧愁满怀的旅人。
［8］天涯：远离家乡的地方。

古曲今译

黄昏时分，一群归巢的乌鸦栖息在枯藤缠绕的老树上。河水从小桥下流过，桥边农家炊烟袅袅。一匹瘦马正顶着萧瑟、寒冷的秋风，艰难地前行在古老的驿道上。夕阳从西边落下，孤独的旅人漂泊在这遥远的地方。

作者简介

马致远

字、号：字千里，号东篱

籍贯：大都（今北京）

生卒年：1250—1321

身份：元代戏剧家、散曲家

获荣誉称号：与关汉卿、郑光祖、白朴并称“元曲四大家”

代表作：杂剧《破幽梦孤雁汉宫秋》等

作品赏析

马致远年轻时曾经想要做官，但一直郁郁不得志，穷困潦倒，几乎一生都在过着漂泊无定的生活。这首《天净沙·秋思》写的正是这种漂泊生活带来的情思。

中国古代文人素来就有悲秋情结，秋天带给他们的往往是悲伤，更何况是长期远离家乡四处漂泊的游子。因此，作者行走在“枯藤老树昏鸦”的凄凉环境中，在“夕阳西下”的感伤时分，眼见“小桥流水人家”的温暖，而自己却骑着一匹瘦弱的老马，在秋风中走在古老的驿道上。此情此景，确实会让读者体会到“断肠人”漂泊天涯、无家可归的感觉。

经典名句

枯藤老树昏鸦，小桥流水人家，古道西风瘦马。
夕阳西下，断肠人在天涯。

诵读指引

这是一首短小的元曲，朗读时，可以体会一下作者要表现的思乡之情。节奏如下：

天净沙·秋思

枯藤/老树/昏鸦，（语速较慢，“枯藤”“老树”“昏鸦”之间略微停顿）
小桥/流水/人家，（语速较慢，“小桥”“流水”“人家”之间略微停顿）
古道/西风/瘦马。（语速较慢，“古道”“西风”“瘦马”之间略微停顿）
夕阳/西下，（语速加快，下行语势）
断肠人/在天涯。（语速较慢，“断肠人”重读，并稍微停顿，“天涯”二字读音适当拖长，读出惆怅落魄之感，或者是无家可归之感）

长亭[1]送别·正宫·端正好

G－15

（元）王实甫

碧云天，黄花[2]地，西风紧[3]，北雁南飞。
晓[4]来谁染霜林醉？总是离人泪。

（绘图：2018 级泰国学生　王玲玲）

词语解释

［1］长亭：秦汉时期在驿站路上大约每十里设一亭，专门负责给驿传信使提供馆舍、给养等服务，后来也成为人们郊游驻足和送别的地方。之后经过文人的诗词吟咏，十里长亭逐渐演变成送别之地的代名词。

［2］黄花：菊花。

［3］紧：猛烈。

［4］晓：天亮，清晨。

古曲今译

蓝天白云，黄花满地，西风凛冽，大雁南飞。清晨，是谁把这经霜的枫林染红了？红得好像酒醉人的脸颊！应该是，那离别之人的眼泪吧！

作者简介

王实甫

字、号：名德信

籍贯：大都（今北京）

生卒年：1260—1336

身份：元曲作家

代表作：杂剧《西厢记》等

作品赏析

王实甫是元曲中“文采派”的代表，其作品词情极美，这首元曲就是代表。

湛蓝的天空，堆满黄花的地面，被霜染红了的枫林……这浓墨重彩的秋景，非但没有让人赏心悦目，反而是无限感伤。因为，长亭景色再美，也留不住那即将离别的人儿。因此，在凛冽的秋风中，抬眼看到大雁从北向南飞去，那霜叶的红色不正是离别之人眼中伤感的泪水吗？

经典名句

晓来谁染霜林醉？总是离人泪。

诵读指引

这是一首写离别的元曲，朗读时要语气低沉、舒缓。节奏如下：

长亭送别·正宫·端正好

碧云/天，（语速较慢，上行语势，“天”字读音拖长）

黄花/地，（语速较慢，下行语势，“地”之后停顿，不要延长）

西风/紧，（语速加快，“紧”之后停顿，不要延长）

北雁/南飞。（语速正常，“飞”重读）

晓来/谁染/霜林/醉？（语速转慢，“醉”重读，读出疑问语气）

总是/离人/泪。（语速较慢，“总是”呈上行语势，“离人泪”呈下行语势，“泪”重读，注意读出离别时的忧伤）

苏州园林（节选）

G－16

叶圣陶

（绘图：2019 级泰国学生　王月华）

我国的建筑，从古代的宫殿到近代的一般住房，绝大部分是对称的，左边怎么样，右边也怎么样。苏州园林可绝不讲究对称[1]，好像故意避免似的。东边有了一个亭子或者一道回廊(láng)[2]，西边决不会来一个同样的亭子或者一道同样的回廊。这是为什么？我想，用图画来比方，对称的建筑是图案画，不是美术画，而园林是美术画，美术画要求自然之趣，是不讲究对称的。

苏州园林里都有假山和池沼(zhǎo)[3]。假山的堆叠，可以说是一项艺术而不仅是技术。或者是重峦叠嶂（zhàng）[4]，或者是几座小山配合着竹子花木，全在乎设计者和匠师们生平多阅历，胸中有丘壑（hè）[5]，才能使游览者攀登的时候忘却苏州城市，只觉得身在山间。至于池沼，大多引用活水。有些园林池沼宽敞。就把池沼作为全园的中心，其他景物配合着布置。水面假如成河道模样，往往安排桥梁。假如安排两座以上的桥梁，那就一座一个样，决不雷同。池沼或河道的边沿很少砌齐整的石岸，总是高低屈曲任其自然。还在那儿布置几块玲珑[6]的石头，或者种些花草。这也是为了取得从各个角度看都成一幅画的效果。池沼里养着金鱼或各色鲤鱼，夏秋季节荷花或睡莲开放，游览者看“鱼戏莲叶间”，又是入画的一景。

词语解释

[1] 对称：图案或物体相对的两边各部分的大小、形状、距离和排列等都一一相当。
[2] 回廊：曲折环绕的走廊。
[3] 池沼：池塘。
[4] 重峦叠嶂：山峰一个接着一个，连绵不断。
[5] 丘壑：原意指山丘和溪谷。这里的“胸中有丘壑”，说的是心里有深远的意境。
[6] 玲珑：精巧细致，非常可爱。

作者简介

叶圣陶（原名叶绍钧）

字、号：字秉臣、圣陶

籍贯：江苏苏州

生卒年：1894—1988

身份：现代作家、教育家、社会活动家和文学出版家

代表作：童话《稻草人》；长篇小说《倪焕之》等

作品赏析

《苏州园林》是一篇说明文，介绍了苏州园林的风景。

本文选取了《苏州园林》的中间部分，主要介绍了假山和池沼。在介绍的时候，作者抓住了苏州园林是不对称的，有“自然之趣”的特点。在作者的介绍中，我们可以知道，在苏州园林里如何摆放假山的石头是一门艺术，它能够让游览者体会到身在山中的乐趣。园林中的池沼也是流动的活水，还有桥梁、石岸配合，也有鲤鱼和荷花作为点缀。这种介绍，使得这篇说明文写出了诗情画意，写出了趣味。

经典名句

假山的堆叠，可以说是一项艺术而不仅是技术。或者是重峦叠嶂，或者是几座小山配合着竹子花木，全在乎设计者和匠师们生平多阅历，胸中有丘壑，才能使游览者攀登的时候忘却苏州城市，只觉得身在山间。

池沼或河道的边沿很少砌齐整的石岸，总是高低屈曲任其自然。还在那儿布置几块玲珑的石头，或者种些花草。这也是为了取得从各个角度看都成一幅画的效果。池沼里养着金鱼或各色鲤鱼，夏秋季节荷花或睡莲开放，游览者看“鱼戏莲叶间”，又是入画的一景。

诵读指引

《苏州园林》是一篇说明文，以客观介绍为主，朗读基调要平静、舒缓。不必带有过多的感情色彩，要以一个解说员或者介绍者的口吻来朗读。朗读节奏符合自然口语即可。

泰山极顶（节选）

G－17

杨朔

（绘图：2020 级老挝学生　谢修荣）

泰山极顶看日出，历来被描绘成十分壮观的奇景。有人说：登泰山而看不到日出，就像一出大戏没有戏眼，味儿终究有点寡淡[1]。

我去爬山那天，正赶上个难得的好天，万里长空，云彩丝儿都不见。素常[2]，烟雾腾腾的山头，显得眉目分明。同伴们都欣喜地说："明天早晨准可以看见日出了。"我也是抱着这种想头，爬上山去。

一路从山脚往上爬，细看山景，我觉得挂在眼前的不是五岳独尊的泰山，却像一幅规模惊人的青绿山水画，从下面倒展开来。在画卷中最先露出的是山根底那座明朝建筑岱（dài）宗坊[3]，慢慢地便现出王母池[4]、斗（dǒu）母宫[5]、经石峪（yù）[6]。山是一层比一层深，一叠比一叠奇，层层叠叠，不知还会有多深多奇，万山丛中，时而点染着极其工细的人物。王母池旁的吕祖殿[7]里有不少尊明塑，塑着吕洞宾等一些人，姿态神情是那样有生气，你看了，不禁会脱口赞叹说："活啦。"

画卷继续展开，绿阴森森的柏洞[8]露面不太久，便来到对松山。两面奇峰对峙着，满山峰都是奇形怪状的老松，年纪怕都有上千岁了，颜色竟那么浓，浓得好像要流下来似的。来到这儿，你不妨权当一次画里的写意人物，坐在路旁的对松亭里，看看山色，听听流水和松涛。

一时间，我又觉得自己不仅是在看画卷，却又像是在零零乱乱翻着一卷历史稿本。

词语解释

[1] 寡淡：没有味道。
[2] 素常：平常。
[3] 岱宗坊：泰山脚下一座石头做成的石牌楼。
[4] 王母池：泰山景点之一。王母：就是王母娘娘。
[5] 斗母宫：泰山景点之一。斗母：传说是天上北斗众星的母亲。
[6] 经石峪：泰山景点之一。这里的大石头上刻有经文。
[7] 吕祖殿：泰山景点之一。吕祖：就是下文中说的"吕洞宾"，传说是一位神仙。
[8] 柏洞：泰山景点之一。这里路边柏树高大，人行其间，好像在洞里，所以被称为"柏洞"。

作者简介

杨朔

字、号：字莹叔

籍贯：山东蓬莱

生卒年：1913—1968

身份：现代作家、散文家

获荣誉称号：与刘白羽、秦牧并称“中国当代散文三大家”

代表作：散文《荔枝蜜》《泰山极顶》《茶花赋》等

作品赏析

《泰山极顶》是一篇游记散文，主要描写泰山的景色。文章写作者从山脚下一路向上，爬上泰山最高的山顶，等待看日出。结果第二天早晨天公不作美，没有看成，但是在泰山顶上，作者看到了祖国欣欣向荣的景象，所以他并不感到遗憾。

本文选自《泰山极顶》的前半部分，主要写爬泰山的过程。作者抓住“画卷”这个关键词，让读者跟随主人公从山脚出发，经过王母池、吕祖殿，又经过柏洞、对松山。在游览中，山石、古树尽在眼前，而有关泰山的传说也历历在目，所以作者说自己不仅是在看美丽的“画卷”，也是在看历史的“稿本”。

经典名句

画卷继续展开，绿阴森森的柏洞露面不太久，便来到对松山。两面奇峰对峙着，满山峰都是奇形怪状的老松，年纪怕都有上千岁了，颜色竟那么浓，浓得好像要流下来似的。来到这儿，你不妨权当一次画里的写意人物，坐在路旁的对松亭里，看看山色，听听流水和松涛。

诵读指引

《泰山极顶》是一篇游记散文，情感放松，朗读基调可以适当自然欢快一些。朗读节奏符合自然口语即可。

生活是多么广阔

G－18

何其芳

（绘图：2018 级泰国学生　赵舒畅）

生活是多么广阔，
生活是海洋。

凡是有生活的地方就有快乐和宝藏（zàng）[1]。

去参加歌咏（yǒng）[2]队，去演戏，
去建设铁路，去做飞行师，
去坐在实验室里，去写诗，
去高山上滑雪，

diān bǒ
去驾一只船颠簸[3]在波涛上，
去北极探险，去热带搜集植物，
zhàngpeng lù sù
去带一个帐篷[4]在星光下露宿[5]。
去过极寻常的日子，
去在平凡的事物中睁大你的眼睛，
去以自己的火点燃旁人的火，
去以心发现心。

生活是多么广阔，
生活又是多么芬芳[6]。
凡是有生活的地方就有快乐和宝藏。

词语解释

[1] 宝藏：原指埋藏在地下的矿产，也指有待进一步发掘利用的财富。
[2] 歌咏：唱（歌）。
[3] 颠簸：不平稳，上下震动。多指物体的上下抖动。
[4] 帐篷：撑在地上遮蔽风雨、日光的东西，多用帆布、尼龙布等做成。
[5] 露宿：在室外或野外住宿。
[6] 芬芳：香，香气。指味道清新宜人，让人闻起来感觉很舒服。

作者简介

何其芳

籍贯：四川万县（今重庆万州）

生卒年：1912—1977

身份：现代诗人、散文家、文学评论家

代表作：诗作《生活是多么广阔》；散文集《画梦录》等

作品赏析

这首诗被称为“笑着走向未来的一支青春的颂歌”，主要启发年轻人去发掘人生的宝藏，开拓未来的新生活，接触有趣的新事物，并鼓励他们把平常的生活与伟大的目标结合起来，用坚实的劳动去接近美好的未来，表现了诗人对新生活的热切希望。

这首诗共有三节。诗的第一节是写诗人对生活的渴望与歌颂。诗人以海洋比喻生活，形象地描绘了生活的广阔。诗的第二节是主体部分。诗人展开想象的翅膀，用十五个排比句，每一句呈现一个生活场景，激起年轻人的热情，带领着年轻人去巡视遥远的高山和大海、神奇的北极和赤道，号召年轻人去开拓一种未曾有过的紧张而有趣的生活。诗的第三节是对第一节的重复，但稍有变化，将第二句改为“生活又是多么芬芳”。原来的“生活是海洋”是说“广阔”；而以“芬芳”结尾，突出了生活的美好。所以，诗的主题是热爱生活，因为生活的宝藏需要人们去发掘，而发掘宝藏的过程就是生活的快乐。

经典名句

去过极寻常的日子，

去在平凡的事物中睁大你的眼睛，
去以自己的火点燃旁人的火，
去以心发现心。

诵读指引

在朗读现代自由诗时，要注意节奏点是句子中恰当的停顿。这首诗的主要节奏点在几个排比的句子中。开头的两个小句中的“是”，要重读，并稍微停顿。在第二节的句子中，有很多以“去”为开头的排比句，注意“去”重读，并稍微停顿。在第三节的前两个小句中的“是”也要重读，并稍微停顿。

在朗读时，第一节和第三节语速舒缓，语气自然。第二节的排比句稍微加快语速，并注意在读这些排比句的时候，语速前慢后快、逐渐加快。节奏如下：

生活是多么广阔

生活/是/多么/广阔，生活/是/海洋。凡是/有/生活的/地方/就有/快乐/和/宝藏。

去/参加/歌咏队，去/演戏，去/建设/铁路，去/做/飞行师，去/坐在/实验室里，去/写诗，去/高山上/滑雪，去/驾/一只船/颠簸/在波涛上，去/北极/探险，去/热带/搜集/植物，去/带/一个帐篷/在星光下/露宿。去/过/极寻常的/日子，去/在/平凡的/事物中/睁大/你的眼睛，去/以自己的火/点燃/旁人的火，去/以心/发现/心。

生活/是/多么/广阔，生活/又是/多么/芬芳。凡是/有/生活的/地方/就有/快乐/和/宝藏。

世说新语（选读）

G－19

(南北朝) 刘义庆

咏雪

谢太傅(fù)[1]寒雪日内集[2]，与儿女讲论文义[3]。俄而[4]雪骤(zhòu)[5]，公欣然[6]曰：“白雪纷纷何所似[7]？”兄子胡儿[8]曰：“撒盐空中差(chā)可拟(nǐ)[9]。”兄女曰：“未若柳絮(xù)因风起[10]。”公大笑乐(lè)。即公大兄无奕(yì)女[11]，左将军王凝之[12]妻也。

（绘图：2018 级泰国学生　王玲玲）

望梅止渴

魏武[13]行役（xíng yì）[14]失汲（jí）道[15]，三军皆（jiē）渴，乃令曰："前有大梅林，饶（ráo）子[16]，甘[17]酸可以解渴。"士卒（zú）闻之，口皆出水，乘此得及前源[18]。

（绘图：2020 级老挝学生　谢修荣）

词语解释

［1］谢太傅：即谢安（320—385），字安石，晋朝陈郡阳夏（今河南太康）人。

［2］内集：家庭聚会。

［3］与儿女讲论文义：儿女：这里当"子侄辈"讲，即年轻一辈。讲论文义：讲解诗文。讲：讲解。论：讨论。

［4］俄而：不久，一会儿。

［5］骤：急，迅速。

［6］欣然：高兴的样子。

［7］何所似：像什么。

［8］胡儿：即谢朗。谢朗，字长度，谢安哥哥谢据的长子。

［9］差可拟：差不多可以相比。差：大致，差不多。拟：相比。

［10］未若柳絮因风起：不如比作柳絮凭借风儿漫天飘起。未若：不如比作。因：凭借。

[11] 无奕女：指谢道韫（yùn），东晋有名的才女。无奕：指谢安长兄谢奕，字无奕。

[12] 王凝之：字叔平，大书法家王羲之的第二个儿子。

[13] 魏武：魏武帝曹操。

[14] 行役：行军。

[15] 汲道：取水的道路。汲：原指取水于井，这里指取水。

[16] 饶子：果实很多。饶：丰富，多。子：果实。

[17] 甘：甜。

[18] 乘此得及前源：借此机会终于在前边找到水源。乘：趁。得：能够，得以。及：到达。前源：前面有水源的地方。

古文今译

咏雪

在一个寒冷的雪天，谢太傅开家庭聚会，跟子侄辈的年轻人谈论诗文。不久，雪下得很大，谢太傅高兴地说："这纷纷扬扬的白雪像什么呢?"他二哥的儿子胡儿说："跟把盐撒在空中差不多。"他大哥的女儿谢道韫说："不如说是风把柳絮吹得满天飞舞。"太傅高兴得笑了起来。谢道韫是谢太傅大哥谢无奕的女儿，也是左将军王凝之的妻子。

望梅止渴

有一次曹操在带兵行军途中，走到一个没有水源的地方，士兵们都十分口渴。曹操对他们说："前面不远的地方有一片大梅林，结了很多梅子，酸甜，可以解渴。"士兵们听了，都流出了口水，借此机会继续前进，终于在前面找到水源。

作者简介

刘义庆

字、号：字季伯

籍贯：彭城（今江苏徐州）

生卒年：403—444

身份：南朝宋宗室、文学家

代表作：《世说新语》

作品赏析

咏雪

《咏雪》的故事，写出了谢道韫的聪慧、机智。文章开头一句话“谢太傅寒雪日内集，与儿女讲论文义”，交代了时间、地点、人物及主体事件。正因为“寒雪日”，才能引出“咏雪”这一事件。在雪花飞扬的寒冷天气中，外出不方便，聚会咏雪不正是赏心乐事吗？文中“欣然”“大笑”“乐”等词可见其融洽、欢快、轻松的气氛。文章虽然没有明确交代谢太傅的评价，但从文末补充谢道韫的身份可以看出，作者暗示读者谢太傅更赞赏侄女谢道韫的才气。

之所以“柳絮因风起”更好，是因为它给人以春天即将到来的感觉，有深刻的意蕴。而“撒盐”虽然写出了雪的颜色和下落之态跟盐比较接近，但缺乏的恰恰是意蕴。

望梅止渴

《望梅止渴》记叙了曹操在行军途中，用假想来安慰士卒，教他们望梅止渴的故事。后来这个故事变成了成语，常比喻愿望无法实现，只好用空想来安慰自己。

这个故事原意是想说曹操言行狡诈，但现在我们可以有新的理解。对于一群口干舌燥的士兵来说，一片梅林是极具诱惑力的，曹操利用了士兵的这种心理，用一个美丽的谎言及时鼓舞了军队的士气，最终找到了水源。可见，善意的谎言有时会带来一些意想不到的积极效果。但是，望梅止渴毕竟只是一种心理安慰，只能在某些危急场合使用，而且需要同时采取积极有效的行动才能取得成功，就像曹操不仅望梅止渴，还带领士兵寻找水源，最终才摆脱了困境。

经典名句

白雪纷纷何所似？
撒盐空中差可拟。
未若柳絮因风起。

诵读指引

朗读这两个古文短篇，语速保持正常，要注意句中恰当的停顿。节奏如下：

咏雪

谢太傅/寒雪日/内集，与儿女/讲论/文义。俄而/雪骤，公/欣然/曰：“白雪/纷纷/何所似？”兄子/胡儿/曰：“撒盐/空中/差可拟。”兄女/曰：“未若/柳絮/因风起。”公/大笑乐。即/公/大兄/无奕/女，左将军/王凝之/妻/也。

望梅止渴

魏武/行役/失汲道，三军/皆渴，乃/令/曰：“前有/大梅林，饶子，甘酸/可以/解渴。”士卒/闻之，口皆/出水，乘此/得及/前源。

卖油翁(wēng)

G－20

（宋）欧阳修

（绘图：2018级老挝学生　宋美珠）

陈康肃公[1]善射[2]，当世无双，公亦以[3]此自矜(jīn)[4]。尝射于家圃(pǔ)[5]，有卖油翁释担而立[6]，睨(nì)[7]之久而不去[8]。见其发[9]矢(shǐ)十中(zhòng)八九，但微颔(hàn)之[10]。

康肃问曰："汝(rǔ)亦知射乎？吾射不亦精乎？"翁曰："无他[11]，但手熟尔[12]。"康肃忿(fèn)然[13]曰："尔安[14]敢轻吾射[15]！"翁曰："以我酌(zhuó)油知之[16]。"乃取一葫芦置于地，以钱覆(fù)[17]其口，徐以杓(sháo)酌油沥(lì)

wéi
之[18]，自钱孔入，而钱不湿。因曰："我亦无他，惟[19]手熟尔。"康
qiǎn
肃笑而遣之[20]。

词语解释

[1] 陈康肃公：陈尧咨，谥号康肃，北宋人。公：旧时对男子的尊称。
[2] 善射：擅长射箭。
[3] 以：凭借。
[4] 自矜：自夸。
[5] 家圃：家里（射箭的）场地。圃：园子，这里指场地。
[6] 释担而立：放下担子站在那里。释：放。而：表承接。
[7] 睨：斜着眼看，形容不在意的样子。
[8] 去：离开。
[9] 发：射，射箭。
[10] 但微颔之：只是微微对此点头，意思是略微表示赞许。
[11] 无他：没有别的（奥妙）。
[12] 但手熟尔：不过是手法熟练罢了。
[13] 忿然：气呼呼地。然：相当于"的"或"地"。
[14] 安：怎么。
[15] 轻吾射：看轻我射箭（的本领）。轻：作动词用。
[16] 以我酌油知之：凭我倒油（的经验）知道这个（道理）。以：凭，靠。酌：斟酒，这里指倒油。之：指射箭也是凭手熟的道理。
[17] 覆：盖。
[18] 徐以杓酌油沥之：慢慢地用油杓舀油注入葫芦里。徐：慢慢地。沥之：注入葫芦。沥：注。之：指葫芦。
[19] 惟：只，不过。
[20] 遣之：让他走，打发。

古文今译

康肃公陈尧咨善于射箭，世上没有第二个人能跟他相比，他也就凭着这种本领而自夸。有一次，他在家里射箭的场地射箭，有个卖油的老翁放下担子，站在那里斜着眼睛看他，很久都没有离开。卖油的老翁看他射十箭中了八九成，只是微微点点头。

陈尧咨问卖油翁："你也懂得射箭吗？我的箭法难道不高明吗？"卖油的老翁说："没有

别的奥妙，不过是手法熟练罢了。”陈尧咨听后气愤地说：“你怎么敢轻视我射箭的本领!”老翁说：“凭我倒油的经验就可以懂得这个道理。”于是拿出一个葫芦放在地上，把一枚铜钱盖在葫芦口上，慢慢地用油杓舀油注入葫芦里，油从钱孔注入而钱却没有沾湿。于是说：“我也没有别的奥妙，只不过是手法熟练罢了。”陈尧咨笑着将他送走了。

作者简介

欧阳修

字、号：字永叔，号醉翁，晚号“六一居士”

籍贯：吉州永丰（今江西吉安永丰）

生卒年：1007—1072

身份：宋代政治家、文学家、史学家

获荣誉称号：宋代文坛领袖，“唐宋八大家”之一，“千古文章四大家”之一

代表作：文章《朋党论》《五代史·伶官传序》《醉翁亭记》等；词作《采桑子·群芳过后西湖好》《踏莎行·候馆梅残》《生查子·元夕》《蝶恋花·庭院深深深几许》等；有《新五代史》《欧阳文忠公集》存世

作品赏析

《卖油翁》是一则写事明理的寓言故事，运用对比的手法，通过陈尧咨射箭和卖油翁酌油的事，用卖油翁高超的技能，说明了熟能生巧的道理。

第一段写陈尧咨箭术高超，自己觉得了不起。不过卖油翁似乎对陈尧咨的箭术满不在乎。第二段先写陈尧咨和卖油翁的两组对话：“汝亦知射乎？吾射不亦精乎？”陈尧咨的问话显得很骄傲，瞧不起卖油翁；而卖油翁却平静而自信地说：“无他，但手熟尔。”卖油翁的回答让陈尧咨很生气，他接着逼问卖油翁“尔安敢轻吾射”，进一步表现出陈的狂妄自大。卖油翁仍然从容地回答：“以我酌油知之。”接着作者连用“取”“置”“覆”“酌”“沥”几个动词，准确而简洁地描述了卖油翁从容不迫地沥油的过程，他有这样高超和熟练的技术，却谦虚地说：“我亦无他，惟手熟尔。”

“手熟尔”，两次出现在文中，点出了熟能生巧的主题，是画龙点睛之笔。

经典名句

我亦无他，惟手熟尔。

诵读指引

诵读这篇古文，要注意恰当的停顿。诵读文章中人物的对话时要读出双方的神态来，注意问句读升调，感叹句读降调。节奏如下：

卖油翁

陈/康肃公/善射，当世/无双，公/亦/以此/自矜。尝/射于/家圃，有/卖油翁/释担/而立，睨之/久而/不去。见/其/发矢/十中/八九，但/微/颔之。

康肃/问曰："汝/亦知/射乎？吾/射/不亦/精乎？"翁曰："无他，但/手熟/尔。"康肃/忿然/曰："尔/安敢/轻/吾射！"翁曰："以/我/酌油/知之。"乃/取/一葫芦/置于/地，以/钱/覆/其口，徐/以杓/酌油/沥之，自/钱孔/入，而/钱/不湿。因曰："我/亦/无他，惟/手熟/尔。"康肃/笑而/遣之。

提高篇

琵琶行

T－1

（唐）白居易

（绘图：2018 级印度尼西亚学生　黄碧素）

元和十年，予左迁[1]九江郡(jùn)司马。明年[2]秋，送客湓浦(pén pǔ)口，闻舟中夜弹琵琶者，听其音，铮铮(zhēng)[3]然有京都声[4]。问其人，本长安倡女[5]，尝学琵琶于穆、曹二善才[6]，年长色衰，委身[7]为贾(gǔ)人[8]妇。遂(suì)命酒[9]，使快[10]弹数曲。曲罢悯然[11]，自叙少小时欢乐事，今漂沦[12]憔悴，转徙于江湖间。予出官[13]二年，恬然[14]自安，感斯人言，是夕始觉有迁谪(zhé)[15]意。因为长句[16]，歌[17]以赠之，凡[18]六百一十六言[19]，命[20]曰《琵琶行》。

浔阳江[21]头夜送客，枫叶荻(dí)花秋瑟瑟[22]。
主人[23]下马客在船，举酒欲饮无管弦。
醉不成欢惨将别，别时茫茫江浸月。
忽闻水上琵琶声，主人忘归客不发。
寻声暗问弹者谁？琵琶声停欲语迟。
移船相近邀相见，添酒回灯[24]重开宴。
千呼万唤始出来，犹抱琵琶半遮面。
转轴拨弦[25]三两声，未成曲调先有情。
弦弦掩抑[26]声声思，似诉平生不得志。
低眉信手[27]续续弹[28]，说尽心中无限事。
轻拢[29]慢捻(niǎn)[30]抹[31]复挑(tiǎo)[32]，初为《霓裳(cháng)》[33]后《六幺(yāo)》[34]。
大弦[35]嘈嘈[36]如急雨，小弦[37]切切[38]如私语。
嘈嘈切切错杂弹，大珠小珠落玉盘。
间关[39]莺语花底滑，幽咽[40]泉流冰下难[41]。
冰泉冷涩弦凝绝[42]，凝绝不通声暂歇。
别有幽愁暗恨生，此时无声胜有声。
银瓶乍(zhà)破水浆迸(bèng)[43]，铁骑突出刀枪鸣。
曲终[44]收拨[45]当心画[46]，四弦一声如裂帛(bó)。
东船西舫(fǎng)[47]悄无言，唯见江心秋月白。
沉吟放拨插弦中，整顿衣裳起敛(liǎn)容[48]。

自言本是京城女，家在虾(há)蟆陵[49]下住。
十三学得琵琶成，名属教坊[50]第一部。
曲罢曾教善才服，妆成每被秋娘[51]妒。
五陵年少[52]争缠头[53]，一曲红绡(xiāo)[54]不知数。
钿(diàn)头银篦(bì)[55]击节[56]碎，血色罗裙翻酒污。
今年欢笑复明年，秋月春风等闲度。
弟走从军阿姨死，暮去朝来颜色故[57]。
门前冷落鞍马稀，老大嫁作商人妇。
商人重利轻别离，前月浮梁[58]买茶去。
去来[59]江口守空船，绕船月明江水寒。
夜深忽梦少年事，梦啼妆泪[60]红阑干[61]。
我闻琵琶已叹息，又闻此语重[62]唧唧[63]。
同是天涯沦落人，相逢何必曾相识！
我从去年辞帝京，谪居卧病浔阳城。
浔阳地僻无音乐，终岁不闻丝竹声。
住近湓江地低湿，黄芦苦竹绕宅生。
其间旦暮闻何物？杜鹃啼血猿哀鸣。
春江花朝秋月夜，往往取酒还独倾。
岂无山歌与村笛？呕(ōu)哑(yā)嘲(zhāo)哳(zhā)[64]难为听。
今夜闻君琵琶语[65]，如听仙乐耳暂[66]明。
莫辞更坐弹一曲，为君翻作《琵琶行》。
感我此言良久立，却坐[67]促弦[68]弦转急。

凄凄不似向前声[69]，满座重闻皆掩泣[70]。
座中泣下谁最多？江州司马青衫[71]湿。

词语解释

［1］左迁：指贬官、降职。唐朝人有左卑右尊的观念，所以把贬官称为“左迁”。
［2］明年：第二年。
［3］铮铮：形容金属、玉器等相击声。
［4］京都声：这里是指唐代京城流行的乐曲声调。
［5］倡女：歌女。
［6］善才：唐朝时对琵琶师或曲师的通称，是“能手”的意思。
［7］委身：嫁。
［8］贾人：商人。
［9］命酒：叫（手下人）摆酒。
［10］快：畅快。
［11］悯然：形容忧郁的样子。
［12］漂沦：漂泊沦落。
［13］出官：从京城调到外地做官。
［14］恬然：形容淡泊宁静的样子。
［15］迁谪：贬官、降职或流放。
［16］为长句：创作长诗。
［17］歌：作歌。
［18］凡：总共。
［19］言：字。
［20］命：命名，题名。
［21］浔阳江：指流经浔阳城中的一条河，叫湓水，即今九江市中的龙开河。
［22］瑟瑟：形容枫树、芦荻被秋风吹动的声音。
［23］主人：指诗人自己。
［24］回灯：重新拨亮灯光。回：再。
［25］转轴拨弦：转动琵琶上缠绕丝弦的轴，是弹奏前调弦定音的准备动作。
［26］掩抑：掩盖，抑制。
［27］信手：随手。
［28］续续弹：连续弹奏。
［29］拢：弹琵琶的一种指法，左手手指按弦向里（琵琶的中部）推。
［30］捻：弹琵琶的一种指法，揉弦。
［31］抹：弹琵琶的一种指法，向左拨弦，也称为“弹”。
［32］挑：弹琵琶的一种指法，反手回拨弦。

[33]《霓裳》：《霓裳羽衣曲》的简称。

[34]《六幺》：唐代著名的舞曲之一，又名《乐世》《绿腰》《录要》。

[35] 大弦：指最粗的弦。

[36] 嘈嘈：形容声音沉重抑扬。

[37] 小弦：指最细的弦。

[38] 切切：形容声音细促轻幽，急切细碎。

[39] 间关：象声词，鸟鸣声。

[40] 幽咽：形容低微的流水声阻塞不畅的样子。

[41] 冰下难：泉流冰下阻塞难通，形容乐声由流畅变为冷涩。

[42] 凝绝：凝滞，不通畅。

[43] 迸：溅射。

[44] 曲终：乐曲结束。

[45] 拨：拨子，弹奏弦乐时所用的一种工具。

[46] 当心画：用拨子在琵琶的中心部位划过四弦，这是弹奏琵琶一曲结束时经常用到的右手手法。

[47] 舫：船。

[48] 敛容：收敛（悲愤深怨的）面部表情。

[49] 虾蟆陵：地名，在长安城东南，曲江附近，是唐代有名的游乐地区。

[50] 教坊：唐代开始设置的负责管理音乐和教习歌舞的机构。

[51] 秋娘：唐代歌女、舞女常用的名字，后被通指聪明有才华的女人。

[52] 五陵年少：指京都富豪子弟。五陵：是长安城外汉代五个皇帝的陵墓，当时豪门贵族都居住在五陵附近。

[53] 缠头：古代歌舞艺人表演时通常用罗锦缠头，表演结束，客人将罗锦赠送给歌舞艺人，称缠头。后来用作赠送艺人财物的通称。

[54] 绡：精细轻美的丝织品。

[55] 钿头银篦：这里是指镶嵌着花饰的梳子形发饰。

[56] 击节：打拍子。

[57] 颜色故：容貌衰老。

[58] 浮梁：古代地名，在今江西省景德镇市，盛产茶叶。

[59] 去来：走了以后。

[60] 梦啼妆泪：梦中啼哭，涂过脂粉的脸上带着泪痕。

[61] 阑干：纵横散乱的样子。

[62] 重：重新，又。

[63] 唧唧：叹息声。

[64] 呕哑嘲哳：形容声音嘶哑粗涩。

[65] 琵琶语：琵琶声。

[66] 暂：突然。

[67] 却坐：退回到原处。

[68] 促弦：把弦拧得更紧。

［69］向前声：先前的琵琶声。

［70］掩泣：掩面哭泣。

［71］青衫：唐朝八品、九品文官的官服颜色，泛指官职卑微。

古诗今译

唐宪宗元和十年，我被贬为九江司马。第二年秋季的一天，送客到湓浦口，夜里听到船上有人弹琵琶。听那声音，铮铮然带有京都流行的声韵。探问这个人，原来是长安的歌女，曾经向穆、曹二位琵琶大师学艺。后来年纪大了，容颜衰退，嫁给一位商人为妻。于是命人摆酒请她畅快地弹几曲。弹完后，她有些闷闷不乐，说起了自己少年时的欢乐之事，如今漂泊沉沦，容颜憔悴，在江湖之间辗转流浪。我离京外调任职两年来，随遇而安，自得其乐，当日因这个人的话有所感触，这天夜里才有被降职的感觉。于是写了一首长诗赠送给她，共六百一十六字，题为“琵琶行”。

夜晚我到浔阳江头送别客人，枫树和芦荻被秋风吹得飒飒作响。

我和客人下马来到船上饯别，举起酒杯想要饮酒却无音乐助兴。

酒喝得不痛快，更伤心即将分别，临别之时茫茫江水中浸着一轮冷月。

忽然听见江面上传来琵琶声，令我忘了回去，客人也不想动身。

循着乐声悄声询问弹琵琶的是谁？琵琶声停了下来却迟迟不语。

我们移船靠近邀请她出来相见，叫下人添酒张灯重新摆起酒宴。

千呼万唤她才缓缓地走了出来，用怀里抱着的琵琶半遮着脸面。

她转紧琴轴拨动琴弦试弹了几声，还没弹成曲调却已然先有了感情。

弦弦凄楚悲切隐含着沉思，似乎在诉说着她一生的种种不如意。

她低眉随手慢慢地连续弹奏着，尽情地倾诉心底那无限的伤心往事。

轻轻地拢，慢慢地捻，又抹又挑，先弹《霓裳羽衣曲》，接着再弹《六幺》。

大弦声音沉重抑扬如暴风骤雨，小弦急切细碎如人窃窃私语。

嘈嘈声和切切声互为交错，就像大大小小的珍珠一颗颗掉落玉盘。

忽而像黄鹂在花下啼鸣婉转流利，忽而像泉水在冰下流动滞涩不畅。

琵琶声开始凝结好像冷涩的冰泉，凝结不畅的琴声渐渐地中断。

仿佛另有一种愁思幽恨暗暗滋生，此时琴声暂歇却比有声更加动人。

突然，琵琶之声陡然再起，激越而雄壮，好似银瓶炸裂，水浆奔迸，又像杀出一队带甲的骑兵，刀枪齐鸣。

一曲终了拨子从琴弦中间划过，四弦一声轰鸣好似撕裂了布帛。

东西两面的船都悄然无声，只看见江心之中映着泛着白光的秋月。

她沉吟着将拨子插入琴弦中，整顿衣裳收敛悲愤深怨的表情。

说自己本是京城负有盛名的歌女，家住长安城东南的虾蟆陵。

十三岁就学成弹奏琵琶的技艺，名字登记在教坊乐团的第一部里。

乐曲弹罢曾令艺术大师们叹服，每次妆成都被同行歌女们嫉妒。

京城的富贵子弟争着给赏赐，一曲弹罢所得彩绸不知有多少。

钿头银篦常因用来打节拍而断裂粉碎，红色罗裙被酒渍染污也在所不惜。
年复一年都在欢笑中度过，秋去春来美好的时光随意消磨。
教坊的兄弟参军去了，当家的阿姨死了，暮去朝来自己也年老色衰。
门前冷冷清清，光顾的车马落落稀稀，年岁大了只得嫁给商人为妻。
商人看重营利，对离别看得很轻，上个月他到浮梁买茶办货去了。
留下自己在江口独守空船，绕船的江水在秋月下凄清寒冷。
深夜忽然梦到少年时的欢乐往事，梦中哭泣泪水在粉颜上纵横。
我听琵琶声已然叹息不已，听到她这番诉说更加感慨。
同样都是天涯沦落的可怜人，今日相逢何必在意是否曾经相识！
我自从去年离开京城，被贬到浔阳江畔便一直卧病。
浔阳这地方荒凉偏僻没有音乐，一年到头也听不见管弦之声。
居住在湓江附近，低洼潮湿，院子周围尽长些黄芦苦竹。
在这里早晚能听到的是什么呢？无非是杜鹃啼哭和猿猴哀鸣。
哪怕是春江花朝秋江月夜那样的好光景，也常常只能取酒独酌独饮。
难道这里没有山歌和村笛？只是那音调嘶哑粗涩实在难听。
今夜听了她用琵琶弹奏的乐曲，就像听了天上的仙乐，耳朵也顿时清明。
请她不要推辞坐下来再弹一曲，我要为此创作一首新诗《琵琶行》。
被我这番话感动，她站立了好久，回身坐下再转紧琴弦拨出急声。
凄凄切切不似刚才奏过的曲调，在座的人听到都掩面哭泣。
要问在座之中谁流的眼泪最多，我江州司马青衫已然湿透！

作者简介

白居易

字、号：字乐天，号香山居士，又号醉吟先生

籍贯：山西太原

生卒年：772—846

身份：唐代现实主义诗人、翰林学士

获荣誉称号：“诗魔”“诗王”

代表作：《长恨歌》《琵琶行》《卖炭翁》等

作品赏析

这是白居易的代表作，是一首抒情色彩很浓厚的长篇叙事诗，写于他仕途遭到重大打击之时。诗人借琵琶女自诉生活的不幸，抒发自己仕途受到打击之后郁积于心的沉痛感受，唱出了“同是天涯沦落人，相逢何必曾相识”的心声，将自己对社会的动荡、世态的炎凉，以及对不幸者命运的同情、对自身失意的种种感慨一股脑倾泻出来。

白居易擅长叙事，诗歌叙述了琵琶女的三次弹奏，以及诗人随着音乐的不同而由最初的惊异到沉醉，再到最后的悲伤的情感变化过程，通过琵琶声将一位落魄文人与一位江湖歌女看似完全不同的身世遭遇巧妙地连接起来。此诗艺术成就很高，尤其是对琵琶声的描写，连用八个比喻将抽象的音乐用形象化的语言展现出来，形象生动，感人至深，成为描写音乐的千古佳作。

经典名句

千呼万唤始出来，犹抱琵琶半遮面。
别有幽愁暗恨生，此时无声胜有声。
同是天涯沦落人，相逢何必曾相识！

诵读指引

这首长诗开头的序言，要注意停顿。节奏如下：

元和/十年，予/左迁/九江郡/司马。明年/秋，送客/湓浦/口，闻/舟中/夜弹/琵琶/者，听/其音，铮铮然/有/京都声。问/其人，本/长安/倡女，尝/学琵琶/于/穆、曹/二善才，年长/色衰，委身/为/贾人/妇。遂/命酒，使/快弹/数曲。曲罢/悯然，自叙/少小时/欢乐事，今/漂沦/憔悴，转徙/于/江湖间。予/出官/二年，恬然/自安，感/斯人/言，是夕/始觉/有/迁谪/意。因/为/长句，歌以/赠之，凡/六百一十六/言，命/曰/《琵琶行》。

诵读这首诗正文的时候，要注意结合故事的开始、发展、结局来选择朗读方法。首先，诗歌的开头，写诗人在与友人分别时遇到弹琵琶的歌女，语气要平静、舒缓，不要快读，也不要慢读。其次，描写歌女弹琵琶的诗句，语速慢慢加快，尤其是“大弦嘈嘈如急雨，小弦切切如私语。嘈嘈切切错杂弹，大珠小珠落玉盘”几句，语速稍微加快，要读出琵琶弹奏的气氛来。再次，等音乐结束，歌女介绍自己的身世，即“自言本是京城女，家在虾蟆陵下住”之后，朗诵语速再次平静下来，不急不慢地朗诵。最后，当诗人进入感叹之后，语气变得低沉、缓慢，尤其是“同是天涯沦落人，相逢何必曾相识”两句，要重读，表现诗人伤心的心情。

阿房（ē páng）宫[1]赋

T-2

（唐）杜牧

（绘图：2018 级马来西亚学生　林学瑾）

六王毕[2]，四海一[3]。蜀山兀（wù）[4]，阿房出[5]。覆（fù）压三百余里[6]，隔离（lí）天日[7]。骊山北构而西折，直走咸阳[8]。二川溶溶[9]，流入宫墙。五步一楼，十步一阁；廊腰缦回（láng màn）[10]，檐牙高啄（zhuó）[11]；各抱地势[12]，钩心斗角[13]。盘盘焉[14]，囷（qūn）囷焉[15]，蜂房水涡（wō）[16]，矗（chù）[17]不知其几千万落[18]。长桥卧波，未云何龙[19]？复道[20]行空，不霁（jì）[21]何虹？高低冥（míng）迷[22]，不知西东。歌台暖响，春光融融；舞殿冷袖，风雨凄凄[23]。一日之内，一宫之间，而气候不齐。

妃嫔媵嫱(pín yìng qiáng)[24]，王子皇孙[25]，辞楼[26]下殿，辇(niǎn)来于秦[27]，朝歌夜弦，为秦宫人。明星荧(yíng)荧，开妆镜也[28]；绿云扰扰[29]，梳晓鬟(huán)也；渭流涨腻(nì)[30]，弃脂水也；烟斜雾横，焚椒兰[31]也。雷霆(tíng)乍惊[32]，宫车过也；辘(lù)辘[33]远听，杳(yǎo)[34]不知其所之也。一肌一容，尽态极妍[35]，缦立[36]远视，而望幸[37]焉。有不得见者三十六年[38]。

燕赵之收藏[39]，韩魏之经营，齐楚之精英，几世几年，剽掠(piāo lüè)其人[40]，倚叠[41]如山。一旦不能有[42]，输[43]来其间。鼎铛(dǐng chēng)玉石，金块珠砾(lì)[44]，弃掷逦迤(lǐ yǐ)[45]，秦人视之，亦不甚惜。

嗟乎！一人之心[46]，千万人之心也。秦爱纷奢[47]，人亦念其家[48]。奈何[49]取之尽锱铢(zī zhū)[50]，用之如泥沙？使负栋之柱[51]，多于南亩[52]之农夫；架梁之椽(chuán)，多于机上之工女；钉头磷(lín)磷[53]，多于在庾(yǔ)[54]之粟(sù)粒；瓦缝参差(cēn cī)，多于周身之帛缕(bó lǚ)；直栏横槛(héng jiàn)[55]，多于九土[56]之城郭；管弦呕哑(ōu yā)[57]，多于市人之言语。使天下之人，不敢言而敢怒。独夫[58]之心，日益骄固[59]。戍(shù)卒叫[60]，函(hán)谷举[61]，楚人一炬[62]，可怜[63]焦土！

呜呼！灭六国者六国也，非秦也；族秦[64]者秦也，非天下也。嗟乎！使[65]六国各爱其人，则足以拒秦；使秦复爱六国之人，则递[66]

三世可至万世而为君，谁得而族灭也？秦人不暇（xiá）[67]自哀[68]，而后人哀之；后人哀之而不鉴（jiàn）[69]之，亦使后人而复哀后人也。

词语解释

［1］阿房宫：秦朝宫殿名，是秦始皇在渭河南岸建造的宫殿，规模宏大，直到秦亡时还没有完全建成。

［2］六王毕：六国灭亡了。六国：指战国时的齐、楚、燕、韩、赵、魏六国。毕：完结，指灭亡。

［3］一：统一。

［4］蜀山兀：四川的山光秃了。蜀：四川。兀：山高而上平，指山上的树木已被砍尽。

［5］出：出现，意思是建成。

［6］覆压三百余里：（从渭南到咸阳）覆盖了三百多里地。这是形容宫殿楼阁接连不断，占地极广。覆压：覆盖。

［7］隔离天日：遮蔽了天日。这是形容宫殿楼阁的高大。

［8］骊山北构而西折，直走咸阳：（阿房宫）从骊山向北边建起，向西转折，一直通到咸阳（古咸阳在骊山的西北）。骊山：在今陕西省西安市临潼区城南。走：趋向。

［9］二川溶溶：二川：指渭水和樊川。溶溶：河水缓缓流淌的样子。

［10］廊腰缦回：走廊长而曲折。廊腰：连接高大建筑物的走廊，好像人的腰部。缦：萦绕。回：曲折。

［11］檐牙高啄：突起的屋檐像鸟嘴向上扬起啄食。檐牙：屋檐四角向上翘起的地方，好像牙齿，所以这么说。

［12］各抱地势：楼阁各随地形高下而建，彼此环抱。

［13］钩心斗角：形容宫殿结构的参差错落。钩心：指建筑物都向中心区聚集。斗角：指屋角相对，好像在争斗。

［14］盘盘焉：盘旋的样子。焉：形容词词尾，意为“……的样子”。

［15］囷囷焉：曲折回旋的样子。

［16］蜂房水涡：形容建筑物像蜂房、水涡那样密集、回旋。

［17］矗：高高耸立。

［18］落：量词，相当于“座”或者“所”。

［19］长桥卧波，未云何龙：长桥卧在渭水上，没有云怎么出现了龙？古人认为云从龙，有龙就应该有云。这里故作疑问惊叹，形容长桥似龙，十分逼真。

［20］复道：在楼阁之间架木筑成的通道。因为地面上已有通道，所以叫复道。

［21］霁：雨过天晴。

［22］冥迷：迷糊，分辨不清。

［23］歌台暖响，春光融融；舞殿冷袖，风雨凄凄：楼台上的歌乐声响充满暖意，如同春光那样融和。宫殿上的舞袖飘拂带来寒意，如同风雨交加时那样清冷。融融：和乐。

［24］妃嫔媵嫱：统指六国王侯的宫妃。她们各有等级（妃的等级比嫔、嫱高）。媵：陪嫁的侍女，也可成为嫔、嫱。

［25］王子皇孙：指六国王侯的女儿、孙女。

［26］辞楼：辞别（六国的）楼阁宫殿。

［27］辇来于秦：乘辇车来到秦国。

［28］明星荧荧，开妆镜也：（光如）明星闪亮，是（宫女们）打开梳妆的镜子。荧荧：明亮的样子。

［29］扰扰：缭绕。

［30］涨腻：涨起了一层脂水（含有宫女们化妆所用的胭脂、香粉的洗脸水）。

［31］椒兰：两种香料植物，可用来熏衣。

［32］乍惊：突然令人一惊。

［33］辘辘远听：车声越听越远。辘辘：车行的声音。

［34］杳：遥远得踪迹全无。

［35］一肌一容，尽态极妍：每一寸肌肤和每一种姿容，都娇媚极了。态：指姿态的美好。妍：美丽。

［36］缦立：久立。缦，通“慢”。

［37］幸：封建时代，皇帝到某处叫“幸”。妃、嫔受皇帝宠爱，叫“得幸”。

［38］三十六年：秦始皇在位共36年。

［39］收藏：指收藏的金玉珍宝等物。下文的“经营”“精英”都是指金玉珍宝等珍奇之物。

［40］剽掠其人：从人民那里抢来。剽：抢劫，掠夺。人：民。作者是避唐太宗李世民的讳，以“人”代“民”。

［41］倚叠：积累。

［42］一旦不能有：一旦国破不能再占有这些财宝。

［43］输：运输。

［44］鼎铛玉石，金块珠砾：把宝鼎看作铁锅，把美玉看作石头，把黄金看作土块，把珍珠看作石子。铛：平底的浅锅。砾：小石子。

［45］逦迤：连续不断。

［46］心：心思，意愿。

［47］纷奢：奢侈。

［48］念其家：顾念自己的家。

［49］奈何：怎么，为什么。

［50］取之尽锱铢：连锱铢都搜刮干净。锱铢：古代重量单位，一锱等于六铢，一铢约等于一两的二十四分之一。锱铢连用，代表极微小的数量。

［51］负栋之柱：承担栋梁的柱子。

［52］南亩：田地，田野。

［53］磷磷：水中石头突立的样子。这里形容突出的钉头。

［54］庾：露天的谷仓。

［55］直栏横槛：纵横的栏杆。

［56］九土：九州，即全国。

［57］呕哑：嘈杂的音乐声。

［58］独夫：失去人心而极端孤立的统治者。这里指秦始皇。

［59］骄固：骄横顽固。

［60］戍卒叫：指陈胜、吴广起义。陈胜当时是被征发到边关防守的士兵，后在大泽乡起义反秦。

［61］函谷举：刘邦于公元前206年率军先入咸阳，派兵把守函谷关。举：被攻占。

［62］楚人一炬：项羽于公元前206年入咸阳后，焚烧了秦国的宫殿，大火三月不灭。楚人：指楚国将领项羽。炬：火炬。

［63］可怜：可惜。

［64］族秦：灭掉秦的宗族。

［65］使：假使。

［66］递：传递，这里指王位顺着次序传下去。

［67］不暇：来不及。

［68］哀：哀叹。

［69］鉴：以……为教训，鉴戒。

古文今译

六国灭亡，天下统一；蜀山被砍得光秃秃，阿房宫就建成了。覆盖从渭南到咸阳的三百多里地，宫殿高耸，遮蔽天日。阿房宫从骊山向北建构，向西转折，一直通到咸阳。渭水、樊川两条河缓缓流淌，流进宫墙。五步一座楼，十步一座阁，走廊长而曲折，突起的屋檐像鸟嘴向上扬起啄食。楼阁各随地形高下而建，互相环抱，屋角像钩一样连接，屋檐相向，又像在争斗。楼阁盘旋曲折，像蜂房，像水涡，高高耸立真不知道有几千万座。长桥横卧在水面上，天上没有云为什么就出现了龙？楼阁上的通道横跨在空中，不是雨过天晴怎么就出现了彩虹？房屋忽高忽低，使人迷糊，分不清东西。楼台上歌乐之声充满暖意，如同春光那样融和。宫殿上舞袖飘拂带来寒意，如同风雨交加时那样清冷。一天之内，一宫之中，气候却大不相同。

那些亡了国的妃嫔侍妾、王子皇孙们，离开了自己的宫殿，坐着辇车来到秦国，早上歌唱，晚上弹琴，成为秦王的宫人。好像明亮的星星晶莹闪烁，那是美人们打开了梳妆的镜子；好像乌青的云朵纷纷扰扰，那是美人们早晨在梳理发髻；渭水浮起了一层油腻，那是她们倒掉了洗脸的脂粉水；烟雾缭绕，那是宫女们燃起了熏香的椒兰；突然响起了雷霆之声，那是宫车开过去了；辘辘的车声越听越远，不知道去了什么地方。美人的每一寸肌肤，每一种容颜，都极尽娇艳美丽。她们久久地站着，远远地眺望，期待能得到皇帝的宠幸。有的宫女到这里三十六年都没能见到皇帝。

燕国、赵国的珠宝，韩国、魏国的金玉，齐国、楚国的珍奇，是诸侯世世代代从他们的人民那里掠夺而来，堆积得像山一样。一旦国破家亡不能占有了，都被运送到阿房宫里来。宝鼎被当作铁锅，美玉被当作石头，黄金被当作土块，珍珠被当作沙砾，丢弃得到处都是，秦人看见这些，也并不觉得可惜。

唉！一个人的意愿，也是千万人的意愿啊。秦始皇喜欢繁华奢侈，人民也顾念自己的家。为什么掠夺财物时搜刮得干干净净，使用时却像对泥沙一样？使得承担栋梁的柱子，多过田地里的农夫；架在梁上的椽子，多过织布机上的女工；梁柱上的钉头，多过粮仓里的粟粒；长短不一的瓦缝，多过全身上下的线缕；栏杆和门槛，多过天下的城郭；管弦的声音嘈杂，多过市民的话语。使天下的人民，只敢在心里愤怒而不敢说出口。独裁者秦始皇的心，一天比一天骄傲顽固。戍边的士卒陈胜、吴广一声呼喊，函谷关被攻下，楚人项羽一把大火，可惜阿房宫化为一片焦土！

唉！灭亡六国的是六国自己，并不是秦国啊。灭亡秦朝的是秦朝自己，并不是天下的人民啊。唉！假使六国各自爱护它们的百姓，就完全可以依靠本国的百姓来抵抗秦国。又假使秦朝能在统一后爱护六国的百姓，那么就可以从三世传到万世而做皇帝，谁又能够使它灭亡呢？秦朝统治者来不及为自己哀叹懊悔，而后人常常替他们哀伤；后人虽然哀叹却并不把它作为鉴戒汲取教训，只会使更后的人又来哀叹这后人了。

作者简介

杜　牧

字、号：字牧之，号樊川居士，
　　　后世又称他为“杜樊川”

籍贯：京兆万年（今陕西西安）

生卒年：803—852

身份：唐代诗人

获荣誉称号：创晚唐诗歌高峰，与李商隐合称“小李杜”

代表作：《赤壁》《过华清宫绝句三首》《泊秦淮》《清明》《江南春》等

作品赏析

唐代晚期，国力日益衰落，社会矛盾重重，百姓生活艰难。当时的皇帝唐敬宗却不思进取，大修宫室，过着骄奢淫逸的生活，杜牧就作了这篇《阿房宫赋》，借古讽今，劝诫最高统治者要爱护百姓。

文章前半部分写阿房宫的兴建，以想象和夸张的手法描写阿房宫的宏伟豪华，极写宫中歌舞之盛、美人之多、珍宝之富，反映秦始皇生活的荒淫奢靡。文章后半部分转入议论，分析曾灭掉六国的强秦走向灭亡的原因，那就是秦的统治者和六国国君一样，一味贪图享乐，毫不顾惜自己国家的百姓，因为不爱其民，最终和阿房宫一样化为灰烬。杜牧对历史的反思在千年之后仍然有其深刻价值。

《阿房宫赋》作为赋体，在不断铺陈、夸张的同时，还大量运用对偶排比句式，文句音节铿锵，兼有音韵之美。《阿房宫赋》文意深刻，文辞华美，值得反复诵读。

经典名句

六王毕，四海一。蜀山兀，阿房出。

五步一楼，十步一阁；廊腰缦回，檐牙高啄；各抱地势，钩心斗角。

长桥卧波，未云何龙？复道行空，不霁何虹？

歌台暖响，春光融融；舞殿冷袖，风雨凄凄。一日之内，一宫之间，而气候不齐。

明星荧荧，开妆镜也；绿云扰扰，梳晓鬟也；渭流涨腻，弃脂水也；烟斜雾横，焚椒兰也。雷霆乍惊，宫车过也；辘辘远听，杳不知其所之也。

秦人不暇自哀，而后人哀之；后人哀之而不鉴之，亦使后人而复哀后人也。

诵读指引

《阿房宫赋》是一篇历史反思性文章，但又建立在对阿房宫具体建筑形象描绘的基础上，朗读时首先要情绪饱满，如起头两句“六王毕，四海一。蜀山兀，阿房出”句式短小，但字字千钧，前后对比之意明显。其次，要有对“覆压三百余里”的阿房宫的整体想象，以高昂的气势感慨阿房宫兴建的宏大，处处给人以惊叹。同时，要能读出文字之下作者暗含的讥刺和不满之情，如对阿房宫中享乐生活的比喻性描写：“明星荧荧，开妆镜也；绿云扰扰，梳晓鬟也；渭流涨腻，弃脂水也；烟斜雾横，焚椒兰也。雷霆乍惊，宫车过也；辘辘远听，杳不知其所之也。”

后半部分朗读集中在对历史的深刻反思，放在段首的“嗟乎”“呜呼”，表明作者的感情逐渐激昂，语气更加愤慨，如“秦爱纷奢，人亦念其家。奈何取之尽锱铢，用之如泥沙？……”中一连串的列举，是以反问语气表达强烈的不满。结尾处的“秦人不暇自哀，而后人哀之；后人哀之而不鉴之，亦使后人而复哀后人也”是作者对当朝统治者能汲取历史教训的无限期待，重在突出一个“哀”字，语调沉缓，引人深思。

战国策·齐策一·邹（zōu）忌[1]讽[2]齐王[3]纳谏[4]

T-3

（绘图：2018 级泰国学生　王玲玲）

邹忌修[5]八尺[6]有余，而形貌昳（yì）丽[7]。朝（zhāo）服衣冠[8]，窥（kuī）镜[9]，谓其妻曰："我孰（shú）[10]与[11]城北徐公美？"其妻曰："君美甚，徐公何能及[12]君也？"城北徐公，齐国之美丽者也。忌不自信，而复问其妾曰："吾孰与徐公美？"妾曰："徐公何能及君也？"旦日[13]，客从外来，与坐谈，问之客曰："吾与徐公孰美？"客曰："徐公不若君之美也。"

明日徐公来，孰视之[14]，自以为不如；窥镜而自视，又弗(fú)如远甚[15]。暮寝(qǐn)[16]而思之，曰："吾妻之美我者[17]，私[18]我也；妾之美我者，畏我也；客之美我者，欲有求于我也。"

于是入朝见威王，曰："臣诚知[19]不如徐公美。臣之妻私臣，臣之妾畏臣，臣之客欲有求于臣，皆以美于徐公[20]。今齐地[21]方[22]千里，百二十城，宫妇[23]左右[24]莫不私王，朝廷之臣莫不畏王，四境之内[25]莫不有求于王：由此观之，王之蔽(bì)[26]甚矣。"

王曰："善[27]。"乃下令："群臣吏民能面刺[28]寡(guǎ)人[29]之过者，受[30]上赏；上书谏(jiàn)寡人者，受中赏；能谤(bàng)讥(jī)于市朝(cháo)[31]，闻[32]寡人之耳者，受下赏。"令初下，群臣进谏，门庭若市；数月之后，时时而间(jiàn)进[33]；期(jī)年[34]之后，虽欲言，无可进者。燕、赵、韩、魏闻之，皆朝于齐。此所谓战胜于朝廷[35]。

词语解释

[1] 邹忌：战国时齐人，曾为齐相。
[2] 讽：委婉地规劝。
[3] 齐王：即齐威王。
[4] 纳谏：接受规劝改正错误。纳：接受。谏：劝说君王、尊长改正错误。
[5] 修：长，这里指身高。
[6] 八尺：战国时一尺约合今天的0.23米。
[7] 昳丽：光艳美丽。
[8] 朝服衣冠：早晨穿戴好衣帽。朝：早晨。服：穿戴。
[9] 窥镜：照镜子。
[10] 孰：谁，哪一个。

[11] 与：和……比。
[12] 及：比得上。
[13] 旦日：第二天。
[14] 孰视之：仔细地观察徐公。孰：同“熟”，仔细。之：代指城北徐公。
[15] 弗如远甚：远远地不如。弗：不。
[16] 寝：躺，卧。
[17] 美我者：以我为美。
[18] 私：偏爱，作动词用。
[19] 诚知：确实知道。
[20] 皆以美于徐公：都认为我比徐公美。以：以为，认为。于：比。
[21] 地：土地，疆域。
[22] 方：方圆纵横。
[23] 宫妇：宫中的姬妾。
[24] 左右：国君身边的近臣。
[25] 四境之内：全国范围内的人。
[26] 蔽：蒙蔽，这里指受蒙蔽。
[27] 善：好。
[28] 面刺：当面指责。面：当面。刺：指责，议论。
[29] 寡人：古代王侯的自称。
[30] 受：给予，赋予。
[31] 谤讥于市朝：在公众场所议论君王的过失。谤：公开指责别人的过错。讥：讽刺。市朝：公共场合。
[32] 闻：这里是“使……听到”的意思。
[33] 时时而间进：不时有人进谏。间进：偶然有人进谏。间：间或，偶尔。进：进谏。
[34] 期年：满一年。期：满。
[35] 战胜于朝廷：在朝廷上战胜（别国）。意思是内政修明，不需用兵就能战胜敌国。

古文今译

邹忌身高八尺多，而且外形容貌光艳美丽。早上他穿戴好衣帽，照着镜子，对妻子说：“我和城北徐公相比，谁更美？”他的妻子说：“您美极了，徐公怎么能比得上您？”城北徐公是齐国的美男子。邹忌不相信自己比徐公美，于是又问他的妾：“我和徐公相比，谁更美？”妾回答说：“徐公哪能比得上您？”第二天，有客人从外面来拜访，邹忌与他对坐而谈，问客人：“我和徐公比，谁更美？”客人说：“徐公不如您美丽。”

又过了一天，徐公来了，邹忌仔细地看他，认为自己不如徐公美；再照镜子观察，更是觉得自己与徐公相差很远。晚上他躺在床上休息时思考这件事，说：“我的妻子认为我美，是偏爱我；我的妾认为我美，是害怕我；我的客人认为我美，是有事情求助于我。”

于是邹忌上朝拜见齐威王，说：“我确实知道自己比不上徐公美。可是我的妻子偏爱我，我的妾害怕我，我的客人有事想要求助于我，所以他们都认为我比徐公美。如今齐国有方圆千里的土地，一百二十座城。宫中的姬妾及近臣，没有不偏爱大王的，朝中的大臣没有不惧怕大王的，全国的百姓没有不有求于大王的。由此看来，大王您受到的蒙蔽太严重了！"

齐威王说："你说得很好！"于是就下了命令："大小官吏和百姓，能够当面批评我的过错的，给予上等奖赏；上书规劝我的，给予中等奖赏；能够在公共场所指责议论我的过失，传到我耳朵里的，给予下等奖赏。"命令刚下达，许多大臣都来进谏，宫门和庭院像集市一样喧闹；几个月以后，还不时地有人进谏；满一年以后，即使有人想进谏，也没有什么可说的了。燕、赵、韩、魏等国听说了这件事，都到齐国朝拜齐威王。这就是所说的在朝廷之中不战自胜。

作品赏析

《战国策》是战国时代国别体史书，分东周、西周、秦、齐、楚、赵、魏、韩、燕、宋、卫、中山十二策，时代上接春秋，下继秦并六国，共33卷。《战国策》主要记载谋臣策士游说或谋议论辩时的政治主张和斗争策略，语言艺术上的成就巨大，无论是策士在朝廷上游说诸侯之辞还是臣子讽劝君王，抑或不同意见者之间的辩难，都表现出铺张扬厉、气势纵横的特点。

这篇文章出自《战国策·齐策一》，记叙了邹忌和妻、妾、客交谈"比美"的故事，邹忌由此得到启发，由家事到国事，以小见大，劝说齐王广开言路，勇于接受批评或建议，最终齐国能政治修明、不战而胜。文中的人物形象十分鲜明，邹忌是头脑清醒、忠诚于国家的大臣。他与城北徐公比美，当妻子、小妾和客人都表达出一致的赞美之辞时，他没有飘飘然，而是经过反省从中分析出"私我""畏我""有求于我"三种不同的原因，并由家庭小事联想到国家大事，劝谏不易听到直言的国君广开言路。而齐威王也是一位开明的君主，有接受批评意见的勇气和胸怀，最终积极改正，使得齐国更加繁荣。

经典名句

群臣进谏，门庭若市。

此所谓战胜于朝廷。

诵读指引

诵读第一部分时要准确把握邹忌妻子、小妾、客人在回答同一问题时的心态和口吻，三人的"君美甚，徐公何能及君也""徐公何能及君也""徐公不若君之美也"分别带有偏爱、畏惧和奉承的语气。

劝学（节选）

T－4

（战国）荀子

（绘图：2018 级泰国学生　王玲玲）

君子[1]曰：学不可以已(yǐ)[2]。青，取之于蓝[3]，而青于蓝；冰，水为之，而寒于水。木直中(zhòng)绳[4]。輮(róu)[5]以为轮，其曲中(zhòng)规[6]。虽有(yòu)槁暴(gǎo pù)[7]，不复挺[8]者，輮使之然也。故木受绳[9]则直，金[10]就[11]砺(lì)[12]则利，君子博学而日参省(sān xǐng)乎己[13]，则知(zhì)[14]明[15]而行无过[16]矣。

吾尝终日而思矣，不如须臾(xū yú)[17]之所学也；吾尝跂(qǐ)[18]而望矣，不如登高之博见[19]也。登高而招，臂非加长也，而见者远；顺风而呼，声非加疾[20]也，而闻者彰(zhāng)。假[21]舆(yú)[22]马者，非利足[23]也，而致[24]千里；假舟楫(jí)者，非能水[25]也，而绝[26]江河，君子生(xìng)非异[27]也，善假于物[28]也。

积土成山，风雨兴[29]焉；积水成渊(yuān)[30]，蛟[31]龙生焉；积善成德，而神明自得，圣心备焉[32]。故不积跬(kuǐ)[33]步，无以[34]至千里；不积小流，无以成江海。骐骥(qí jì)[35]一跃，不能十步；驽(nú)马十驾[36]，功在不舍[37]。锲(qiè)[38]而舍之，朽木不折；锲而不舍，金石可镂(lòu)[39]。蚓(yǐn)无爪牙之利，筋骨之强，上食埃土，下饮黄泉，用心一也[40]。蟹六跪[41]而二螯(áo)[42]，非蛇鳝(shàn)之穴无可寄托者，用心躁[43]也。

词语解释

[1] 君子：有学问、有修养的人。

[2] 已：停止。

[3] 青，取之于蓝：靛(diàn)青，从蓝草中取得。青：靛青，一种染料。蓝：蓼(liǎo)蓝，一年生草本植物，叶子含蓝汁，可以作蓝色染料。

[4] 中绳：（木材）合乎拉直的墨线。绳：墨线。

[5] 輮：通“煣”，用火烤使木条弯曲。

[6] 规：圆规，画圆的工具。

[7] 虽有槁暴：即使又晒干了。有：通“又”。槁：枯。暴：同“曝(pù)”，晒干。

[8] 挺：直。

[9] 受绳：用墨线量过。

[10] 金：指金属制的刀剑等。

[11] 就：接近，靠近。

［12］砺：磨刀石。

［13］日参省乎己：每天多次地反省自己。参：同“三”，多次的意思。省：省察，反省。

［14］知：通“智”，智慧。

［15］明：明达。

［16］行无过：行为没有过错。

［17］须臾：片刻，一会儿。

［18］跂：提起脚后跟。

［19］博见：看见的范围广，见得广。

［20］疾：快速，这里引申为“洪亮”，指声音宏大。

［21］假：借助，利用。

［22］舆：车。

［23］利足：脚步快。

［24］致：达到。

［25］水：指游泳。名词用作动词。

［26］绝：横渡。

［27］生非异：本性（同一般人）没有差别。生：通“性”，天赋，资质。

［28］物：外物，指各种客观条件。

［29］兴：起。

［30］渊：深水。

［31］蛟：一种龙。

［32］积善成德，而神明自得，圣心备焉：积累善行而养成品德，达到很高的境界，通明的思想（也就）具备了。得：获得。

［33］跬：古代的半步。古代称跨出一脚为“跬”，跨出两脚为“步”。

［34］无以：没有用来……的（办法）。

［35］骐骥：骏马，千里马。

［36］驽马十驾：劣马拉车连走十天（也能走得很远）。驽马：劣马。驾：马拉车一天所走的路程叫“一驾”。

［37］功在不舍：（它的）成功在于不停止。舍：停。

［38］锲：用刀雕刻。

［39］镂：原指在金属上雕刻，泛指雕刻。

［40］用心一也：（这是）因为用心专一（的缘故）。用：以，因为。

［41］六跪：六条腿，蟹实际上是八条腿。跪：蟹腿。

［42］螯：蟹钳。

［43］躁：浮躁，不专心。

古文今译

君子说：学习是不可以停止的。

靛青色是从蓝草里提取的，可是比蓝草的颜色更深；冰是水凝结而成的，却比水还要寒冷。木材直得可以符合拉直的墨线，用火烤使它弯曲成车轮，它的弯度就合乎圆的标准了。即使又被吹晒干枯，也不再挺直了，这是再经加工使它成为这样的。所以木材用墨线量过再经加工就能变直，刀剑在磨刀石上磨过就能变得锋利。君子广泛地学习，而且每天检查、反省自己，那么他就会聪明机智，而行为就不会有过错了。

我曾经整天思索，不如片刻学到的知识多；我曾经踮起脚远望，却不如登到高处看得广阔。登到高处招手，胳膊没有比原来加长，可是别人在远处也能看见；顺着风呼叫，声音没有变得洪亮，可是听的人却听得很清楚。借助车马的人，并不是脚走得快，却可以到达千里之外。借助舟船的人，并不善于游泳，却可以横渡长江黄河。君子的资质、秉性跟一般人没什么不同，只是善于借助外物学习罢了。

堆积土石成了高山，风雨就从这里兴起；汇积水流成为深渊，蛟龙就在这里出生；积累善行养成高尚的品德，自然会心智澄明，也就具有了圣人的精神境界。所以不积累半步的行程，就没有办法到达千里之远；不汇聚细小的水流，就没有办法形成大江大海。骏马跳跃一次，也不足十步远；劣马拉车走十天，也能走得很远，它的成功就在于不停地走。刻几下就放弃不刻了，腐烂的木头也刻不断。不停地刻下去，金石也能雕刻成功。蚯蚓没有锐利的爪子和牙齿，没有强健的筋骨，却能向上吃到泥土，向下可以喝到泉水，这是它用心专一的缘故。螃蟹有六条腿、两只钳，但是如果没有蛇、鳝的洞穴，它就无处存身，这是因为它用心浮躁。

作者简介

荀　子

字、号：字卿，名况

籍贯：战国时期赵国人

生卒年：约前 313—前 238

身份：思想家、文学家、政治家

获荣誉称号：被尊称为“荀卿”

代表作：《荀子》

作品赏析

《劝学》是《荀子》的第一篇，也是荀子的代表作，充分体现了荀子散文长于比喻说理的特点。“劝学”就是劝勉人们求学，这里的节选部分则论述了学习的重要性、学习应有的方法和态度。

第一段第一句就明确提出观点——“学不可以已”，学习是不能够停止的，人在任何时候都需要学习，接着用很多比喻来证明这个道理，“青胜于蓝”“冰寒于水”说明人可以通过学习发展和提高自己。“木受绳则直，金就砺则利”，木头和刀剑只有按照“绳墨”“砥砺”的标准进行加工改造，才能合乎要求，更加有用。那么，对于人来说，只有每天不断地反省和修正自己，才能使自己更加完美，达到更高的境界。

第二段，提出学习要“善假于物”，就是要学习前人已有的知识和经验，列举了登高则博见、顺风而呼、假舆马致千里、假舟楫渡江河四个比喻来说明道理。

第三段，重点论述学习应有的态度，那就是必须积少成多、持之以恒和用心专一。在这里，不仅依然使用比喻说理，而且从正反两面进行对比论述，如“积土成山”和“不积跬步”，“骐骥一跃，不能十步”和“驽马十驾，功在不舍”，“锲而舍之，朽木不折”和“锲而不舍，金石可镂”，“无爪牙之利，筋骨之强”的蚯蚓和“六跪而二螯”的螃蟹等，通过这样反复地正说反说，使得所要讲的道理更加明晰。

《劝学》在句式上十分整齐，几乎都是排比句和对偶句，增加了文章的气势和说服力。

经典名句

青，取之于蓝，而青于蓝；冰，水为之，而寒于水。
故不积跬步，无以至千里；不积小流，无以成江海。
锲而舍之，朽木不折；锲而不舍，金石可镂。

诵读指引

这篇文章长于比喻说理，并且采用的几乎都是排比或对偶句式，诵读起来朗朗上口。诵读时对提出的主要观点要明确坚定，对段末首尾照应的小论点要予以强调、语气加重，如“君子曰：学不可以已”“君子博学而日参省乎己，则知明而行无过矣”“君子生非异也，善假于物也”。

桃花源记

T－5

（晋）陶渊明

（绘图：2018级印度尼西亚学生　陈玲燕）

晋太元[1]中，武陵[2]人捕鱼为业。缘[3]溪行，忘路之远近[4]。忽逢[5]桃花林，夹岸[6]数百步，中无杂[7]树，芳草鲜美，落英[8]缤纷[9]。渔人甚[10]异之[11]。复前行，欲穷[12]其林。

林尽水源[13]，便得[14]一山，山有小口，仿佛[15]若有光。便舍船，从口入。初极狭，才通人[16]。复行数十步，豁然开朗[17]。土地平旷[18]，屋舍俨（yǎn）然[19]，有良田、美池、桑竹之属[20]。阡陌交通[21]，鸡犬相闻[22]。其中往来种作[23]，男女衣着[24]，悉[25]如外人。黄发垂髫（tiáo）[26]，并[27]怡然[28]自乐。

见渔人，乃大惊，问所从来[29]。具[30]答之。便要（yāo）[31]还家，设酒杀鸡作食。村中闻有此人，咸[32]来问讯[33]。自云先世避秦时乱，率妻子[34]邑人[35]来此绝境[36]，不复出焉[37]，遂与外人间隔。问今是何世，乃[38]不知有汉，无论[39]魏晋。此人一一为具言[40]所闻，皆叹惋。余人各复延至[41]其家，皆出酒食。停数日，辞去。此中人语[42]云："不足[43]为[44]外人道也。"

既[45]出，得其船，便扶向路[46]，处处志[47]之。及[48]郡下[49]，诣（yì）太守[50]，说如此[51]。太守即遣人随其往，寻向所志[52]，遂迷，不复得路。

南阳刘子骥，高尚士[53]也，闻之，欣然[54]规[55]往。未果[56]，寻[57]病终[58]，后遂无问津[59]者。

词语解释

[1] 太元：东晋孝武帝的年号（376—396）。
[2] 武陵：地名，在今湖南省常德市一带。
[3] 缘：沿着，顺着。
[4] 远近：偏义副词，指远。
[5] 忽逢：忽然遇到。逢：遇到，碰见。
[6] 夹岸：河流两岸。
[7] 杂：别的，其他的。
[8] 落英：落花。一说，初开的花。
[9] 缤纷：形容繁多的样子。
[10] 甚：很，非常。
[11] 异之：古代汉语的意动用法，即"以之为异"，对见到的景象感到惊异。
[12] 穷：形容词用作动词，穷尽，这里是"走到……的尽头"的意思。
[13] 林尽水源：林尽于水源，意思是桃林在溪水发源的地方就到头了。尽：消失，没有了。
[14] 得：发现。
[15] 仿佛：隐隐约约，形容看得不真切的样子。

［16］才通人：仅容一人通过。

［17］豁然开朗：形容由狭窄幽暗突然变得开阔明亮的样子。豁然：形容开阔的样子。开朗：开阔明亮。

［18］平旷：平坦开阔。

［19］俨然：整齐的样子。

［20］之属：这类。

［21］阡陌交通：田间小路交错相通。阡陌：田间小路，南北走向的叫阡，东西走向的叫陌。交通：交错相通。

［22］鸡犬相闻：（村落间）可以互相听到鸡鸣狗叫的声音。

［23］种作：指世代耕种劳作的人。

［24］衣着：穿着打扮。

［25］悉：全，都。

［26］黄发垂髫：指老人和小孩。黄发：古时认为老人头发由白转黄是长寿的象征，这里指老人。垂髫：古时小孩不扎结头发，头发下垂，这里指小孩子。髫：小孩垂下的短发。

［27］并：都。

［28］怡然：愉快、高兴的样子。

［29］从来：从……地方来。

［30］具：全都。

［31］要：通“邀”，邀请。

［32］咸：都，全。

［33］问讯：打听消息。

［34］妻子：指妻子、儿女。

［35］邑人：同县（乡）的人。

［36］绝境：与人世隔绝的地方。

［37］焉：兼词，相当于“于之”“于此”，从这里。

［38］乃：竟，竟然。

［39］无论：不要说，（更）不必说。

［40］具言：详细地说。

［41］延至：邀请到。延：邀请。

［42］语：告诉。

［43］不足：不值得。

［44］为：介词，向、对。

［45］既：已经。

［46］便扶向路：就顺着旧的路（回去）。扶：沿着，顺着。向：从前的，旧的。

［47］志：作动词用，标记。

［48］及：到达。

［49］郡下：太守所在地，指武陵。

［50］诣太守：指拜见太守。诣：到，特指到尊长那里去。

［51］如此：像这样，指在桃花源的见闻。

［52］寻向所志：寻找先前所作的标记。向：先前。
［53］高尚士：品德高尚的隐士。
［54］欣然：高兴的样子。
［55］规：计划，打算，词类活用。
［56］未果：没有实现。
［57］寻：不久。
［58］终：死亡。
［59］问津：问路，这里是探访、访求的意思。津：本义渡口。

古文今译

东晋太元（376—396）年间，武陵有个人以捕鱼为生。有一天他沿着溪水划船而行，忘记了路程的远近。忽然遇到一片桃花林，在小溪两岸的几百步之内，中间没有其他树木，花草鲜嫩美丽，地上落花繁多，渔人对此感到非常诧异。他继续往前走，想要走到林子的尽头。

桃花林的尽头就是溪水的源头，渔人发现了一座小山，山上有个小洞口，洞里面隐约有光。渔人便舍弃了船，从洞口走了进去。洞里最开始非常狭窄，只能容得下一人通过。又走了几十步，突然变得开阔明亮起来。土地平坦宽广，房屋整齐分明，还有肥沃的田地、美丽的池塘，以及桑树、竹子这类的植物。田间小路四通八达，鸡鸣狗叫的声音此起彼伏。人们在田间来来往往耕种劳作，男男女女的穿戴都像外族人一样。老年人和小孩都安适自在，自得其乐。

人们看见了渔人，非常惊讶，问他是从哪里来的。渔人都一一作了回答。于是便邀请他到家中做客，摆酒杀鸡款待他。村里面的其他人听说来了这么一个人，全都来打听消息。他们说自己的先祖是为了躲避秦朝时期的战乱，率领妻儿乡亲们来到这个与世隔绝的地方，从此再没有出去，所以和外面的人隔绝了一切往来。村里的人问渔人现如今是什么朝代，他们不知道有汉朝，更不用说魏、晋两朝了。渔人把自己知道的所有事都一一说了出来，村民们听了都感叹惋惜。其余的人各自又把渔人邀请到自己家中，都拿出自己的美酒佳肴来款待他。渔人停留了几天后，就向村里的人告辞。村里的人告诉他："这里的情况不值得对外面的人说啊。"

渔人出来之后，找到了自己的船，就沿着来时的路回去，处处都做了记号。他到了郡城武陵，前去拜见太守，说了自己的这番经历。太守立即派人跟随他前往桃花源，寻找渔人先前所作的记号，最终还是迷路了，再也找不到通往桃花源的路了。

南阳有个叫刘子骥的人，是一个高尚的读书人，他听到了这个消息，非常愉快地计划着前往桃花源。但没有实现，不久后就病死了，后来就再也没有探访桃花源的人了。

作者简介

陶渊明

字、号：字元亮，又名潜，世称靖节先生，别号五柳先生

籍贯：浔阳柴桑（今江西九江）

生卒年：约365—427

身份：东晋后期诗人、辞赋家

获荣誉称号：中国第一位田园诗人，被称为“古今隐逸诗人之宗”

代表作：《杂诗》《归园田居》《饮酒》；《五柳先生传》《桃花源记》《归去来兮辞》等

作品赏析

陶渊明生活在政局黑暗的时代，他无法干预现实，于是将自己的政治理想与美好情趣寄托在诗文创作之中。《桃花源记》是其散文代表作，这篇文章通过对桃花源中安宁和乐、自由平等生活的描绘，表现了其追求美好生活的理想和对现实生活的不满。

在作者的笔下，与世隔绝的桃花源美好幽静。这里不仅“土地平旷，屋舍俨然，有良田、美池、桑竹之属”，而且秩序井然，生活在其中的人们也是那么的和乐安闲，“黄发垂髫，并怡然自乐”。没有剥削和压迫，没有战乱，人与人之间的关系也是那么平和，那么诚恳。见到外来的渔人，纷纷邀请回家，“设酒杀鸡作食”，盛情款待，这也从侧面反映了人们生活的富足。这样的生活无疑是令人神往的，尤其是生活在乱世中的人。然而，这种理想的境界在现实中是不存在的，它不过是作者对理想社会的一种构想，是不满黑暗现实的一种精神寄托，表现了作者对理想社会的憧憬以及对现实社会的不满。

文章艺术成就很高，以一个渔人的奇遇为线索展开故事，刻意在开头交代故事发生的时代、渔人的籍贯等，力图让人相信似乎真有其事，有效地缩短了读者与作品的心理距离，把读者从现实世界引入到迷离惝恍（chǎnghuǎng）的桃花源。对桃花源的描绘让人不由得沉醉其中，之后写渔人再回去寻找，却迷路了，又使读者从这朦胧的梦想世界退回到现实世界，心中依旧充满了对它的向往。结尾交代南阳刘子骥寻找失败，又为文章平添了文有余而意不尽的趣味。

经典名句

芳草鲜美，落英缤纷。
黄发垂髫，并怡然自乐。

诵读指引

这篇文章以叙事为主，感情起伏不大，所以朗读时语气平静，使用正常语调即可。文中对桃花源的描写，如“土地平旷，屋舍俨然”等句，可以适当加快语速，表达出轻快的感觉。

之后，文中有关桃花源里的人们和渔人的对话描写，可以适当加重语气，表达出生活在这里的人们对外面世界的惊叹之情。

最后一段，写再也找不到桃花源了，可以放慢语速，语气舒缓，表达出叹息的感觉。

黔(qián)[1]之驴

T－6

（唐）柳宗元

（绘图：2018 级印度尼西亚学生　黄碧素）

黔无驴，有好事者船载以入。至则无可用，放之山下。虎见之，庞然[2]大物也，以为神，蔽[3]林间窥(kuī)[4]之。稍出近之[5]，慭(yìn)慭然[6]，莫相知[7]。

他日，驴一鸣，虎大骇(hài)[8]，远遁(dùn)[9]；以为且噬(shì)[10]己也，甚恐。然往来视之，觉无异能者；益习其声，又近出前后，终不敢搏[11]。稍近，益狎(xiá)[12]，荡[13]倚[14]冲冒[15]。驴不胜[16]怒，蹄[17]之。虎因喜，计之[18]曰：“技止此耳！”因跳踉(liáng)[19]大㘎(hǎn)[20]，断其喉，尽其肉，乃去。

噫！形之庞也类[21]有德，声之宏[22]也类有能。向[23]不出其技，虎虽猛，疑畏[24]，卒[25]不敢取。今若是[26]焉，悲夫！

词语解释

［1］黔：这里指唐代黔中道，治所在今四川彭水，辖地相当于今四川彭水、酉阳、秀山一带和贵州北部部分地区。现在是贵州省的别称。

［2］庞然：形容巨大的样子。

［3］蔽：藏。

［4］窥：偷偷地看。

［5］稍出近之：渐渐地接近它。

［6］慭慭然：形容惊恐疑惑、小心谨慎的样子。

［7］莫相知：不了解它。

［8］大骇：非常害怕。

［9］远遁：逃到远处。

［10］噬：咬。

［11］搏：扑击，搏斗。

［12］狎：指亲近而态度不庄重。

［13］荡：碰撞。

［14］倚：靠近。

［15］冲冒：冲击冒犯。

［16］不胜：禁不住。

［17］蹄：这里名词用作动词，意思是踢。

［18］计之：盘算着这件事。

［19］跳踉：跳跃。

［20］㘎：怒吼，同“吼”。

［21］类：似乎，好像。

［22］宏：洪亮。

［23］向：以前，当初。

［24］疑畏：意思是多疑又畏惧。

［25］卒：最终，最后。

［26］是：这样。

古文今译

黔地本来没有驴，有一个喜欢多事的人用船运来一头驴进入这个地方。运到后却没有什么用处，就把它放在山脚下。老虎看它是个庞然大物，以为是什么神物，躲在树林里偷偷地看它。渐渐出来小心谨慎地靠近它，不知道它是什么东西。

有一天，驴叫了一声，老虎非常害怕，逃得远远的；以为驴要咬自己，十分恐惧。但是老虎来来回回地观察它，觉得它并没有什么特别的本领。渐渐地老虎熟悉了驴的叫声，又前前后后地靠近它，但始终不敢与它搏斗。老虎渐渐地靠近驴子，态度越来越轻慢，碰撞、依靠、冲撞、冒犯它。驴非常愤怒，用蹄子踢老虎。老虎却因此而高兴，盘算这件事说：“驴的本领只不过这样罢了！”于是跳起来大吼一声，咬断了驴的喉咙，吃光了它的肉，才离开。

唉！外形庞大好像很有道行，声音洪亮好像很有本领，当初如果不暴露它的那点本领，老虎即使凶猛，但由于多疑、畏惧，终究不敢猎取驴子。如今落得如此下场，真是可悲啊！

作者简介

柳宗元

字、号：字子厚，世称“柳河东”，又称“柳柳州”

籍贯：河东一带（今山西运城）

生卒年：773—819

身份：唐代诗人、文学家、哲学家、散文家、思想家

获荣誉称号：“唐宋八大家”之一

代表作：诗作《江雪》《溪居》《渔翁》；《河东先生集》等

作品赏析

《黔之驴》是柳宗元最为著名的一篇寓言，这篇寓言写于他参加“永贞革新”失败而被

贬为永州司马时，是其寓言类代表作《三戒》中的一篇。其写作目的很明确，就是通过寓言故事中黔驴的悲惨下场，警戒那些毫无自知之明而必将招致祸患的人，对当时朝廷中的某些无德无能却位高权重、仗势欺人而外强中干的上层人物进行了深刻的讽刺，指出他们必然招致灭亡的下场。

这篇寓言写作手法颇为独特，题目虽叫“黔之驴”，然而真正写驴的笔墨却远远少于对虎的描写，对虎的心理和行动进行了细致入微、形象生动的刻画，以虎的老谋深算和谨慎精明有力地衬托了驴的麻木不仁和愚不可及，极具讽刺意味。

经典名句

虎见之，庞然大物也，以为神，蔽林间窥之。

诵读指引

这是一篇寓言故事，要注意结合情节发展，适当选择朗读方法。第一段是故事的开始，朗读时语气平静，正常语速。第二段是故事最精彩的环节。“虎大骇，远遁”，这两小句要重读，表现出老虎最初的害怕。接着几句，放轻语调，表现出老虎悄悄地观察的神态。之后，读到驴子踢老虎之后，则语速加快，表现出老虎的勇猛样子。最后一段是感叹，注意感叹词以及感叹句要重读，表达出作者的想法。

醉翁[1]亭记

T－7

（宋）欧阳修

（绘图：2018 级印度尼西亚学生　陈玲燕）

环滁(chú)[2]皆[3]山也。其西南诸峰，林壑(hè)[4]尤[5]美，望之蔚然[6]而深秀[7]者，琅琊(láng yá)[8]也。山行[9]六七里，渐闻水声潺潺(chán)[10]，而泻出于两峰之间者，酿泉[11]也。峰回路转[12]，有亭翼然[13]临[14]于泉上者，醉翁亭也。作[15]亭者谁？山之僧智仙也。名[16]之者谁？太守自谓[17]也。太守与客来饮于此，饮少辄(zhé)[18]醉，而年又最高[19]，故自号[20]曰醉翁也。醉翁之意不在酒[21]，在乎[22]山水之间也。山水之乐，得[23]之心而寓[24]之酒也。

若夫日出而林霏[25]开[26]，云归[27]而岩穴暝(míng)[28]，晦明[29]变化者，山间之朝暮也。野芳发[30]而幽香，佳木秀而繁阴[31]，风霜高洁[32]，水落而石出者，山间之四时也。朝而往，暮而归，四时之景不同，而乐亦无穷也。

至于负者[33]歌于途，行者休于树[34]，前者呼，后者应，伛偻(yǔ lǚ)[35]提携(xié)[36]，往来而不绝者，滁人游也。临[37]溪而渔，溪深而鱼肥。酿泉为酒，泉香而酒洌[38]；山肴[39]野蔌(sù)[40]，杂然[41]而前陈[42]者，太守宴也。宴酣[43]之乐，非丝非竹[44]，射[45]者中，弈[46]者胜，觥(gōng)筹交错[47]，起坐而喧哗者，众宾欢也。苍颜[48]白发，颓然乎其间[49]者，太守醉也。

已而[50]夕阳在山，人影散乱，太守归而宾客从也。树林阴翳(yì)[51]，鸣声上下[52]，游人去而禽鸟乐也。然而禽鸟知山林之乐，而不知人之乐；人知从太守游而乐，而不知太守之乐其乐[53]也。醉能同其乐，醒能述以文者，太守也。太守谓[54]谁？庐陵[55]欧阳修也。

词语解释

［1］醉翁：欧阳修的号。
［2］环滁：环绕着滁州城。滁州：今安徽省滁州市琅琊区。
［3］皆：都。
［4］壑：山谷，深沟。
［5］尤：特别。
［6］蔚然：形容草木茂盛的样子。
［7］深秀：幽深秀丽。

［8］琅琊：琅琊山，位于今安徽省滁州市的西郊。

［9］山行：沿着山路走。山：名词作状语。

［10］潺潺：拟声词，流水声。

［11］酿泉：泉名。在琅琊山醉翁亭下，因水清可以酿酒，所以叫酿泉。

［12］峰回路转：山势回环，路也跟着拐弯。今常比喻事情经历挫折失败后，出现新的转机。

［13］翼然：像鸟张开翅膀一样。

［14］临：居高面下，由上看下。

［15］作：建造。

［16］名：名词活用为动词，命名。

［17］自谓：自称，用自己的别号来命名。

［18］辄：就。

［19］年又最高：年纪又是最大的。

［20］号：名词作动词，取别号。

［21］醉翁之意不在酒：后来用以比喻本意不在此而另有目的。意：这里指情趣。

［22］在乎：在于。

［23］得：领会。

［24］寓：寄托。

［25］林霏：树林中的雾气。

［26］开：消散，散开。

［27］归：聚拢。

［28］暝：昏暗。

［29］晦明：指天气阴晴明暗。晦：阴暗。

［30］野芳发：野花开放。

［31］佳木秀而繁阴：好的树木枝繁叶茂，形成一片浓密的绿荫。秀：茂盛，繁茂。繁阴：一片浓密的树荫。

［32］风霜高洁：即风高霜洁。意思是天高气爽，霜色洁白。

［33］负者：背着东西的人。

［34］休于树：在树下休息。

［35］伛偻：形容腰弯背曲的样子，这里指老年人。

［36］提携：这里指牵扶着走的小孩子。

［37］临：靠近，这里是“……旁”的意思。

［38］洌：水（酒）清。

［39］山肴：野味。

［40］野蔌：野菜。蔌：菜蔬。

［41］杂然：众多而杂乱的样子。

［42］陈：摆放。

［43］酣：尽情地喝酒。

［44］非丝非竹：不在于琴弦管箫。丝：指琴、瑟之类的弦乐器。竹：指箫、笛之类的

管乐器。

［45］射：这里指投壶，古代宴饮时的一种游戏，把箭向壶里投，投中多的为胜，输的照罚喝酒。

［46］弈：下围棋。

［47］觥筹交错：酒杯和酒筹相错杂。形容喝酒尽兴的样子。觥：酒杯。筹：酒筹，古代用来计算饮酒数量的筹子。

［48］苍颜：容颜苍老。

［49］颓然乎其间：意思是醉醺醺地坐在众人中间。颓然：原指精神不振的样子，这里用来形容醉态。

［50］已而：不久。

［51］阴翳：树木茂密成荫。翳：遮蔽。

［52］鸣声上下：意思是鸟到处叫。上下：指树林的高处和低处。

［53］乐其乐：以游人的快乐为快乐。第一个“乐”是意动用法，以……为乐。第二个“乐”是快乐的意思。

［54］谓：为，是。

［55］庐陵：庐陵郡，今江西省吉安市，欧阳修先世为庐陵大族。

古文今译

环绕滁州的都是山。那西南的几座山峰，树林和山谷尤其优美。一眼望去树木茂盛，又幽深秀丽的，是琅琊山。沿着山路走六七里，渐渐听到潺潺的水声，那流水从两座山峰之间倾泻而出的，是酿泉。峰回路转，有一座亭子像飞鸟展翅似的飞架在泉上，那就是醉翁亭。建造这亭子的是谁？是山上的和尚智仙。给它取名的又是谁？是太守我用自己的别号（醉翁）来为它命名。太守我和宾客们来这儿饮酒，只喝一点儿就醉了；而年纪又最大，所以自号“醉翁”。醉翁的情趣不在于喝酒，而在于欣赏山水的美景。欣赏山水美景的乐趣，领会在心里，寄托在酒上。

像那太阳升起，山林里的雾气散了；烟云聚拢来，山谷就显得昏暗了；天气或暗或明，变化不一，这就是山中的朝暮。野花开放，散发出一股清幽的香味；好的树木枝繁叶茂，形成一片浓密的绿荫；风高霜洁，水落石出，这就是山中的四季。清晨前往，黄昏归来，四季的风光不同，乐趣也无穷无尽。

像那背着东西的人在路上欢唱，来往行路的人在树下休息，前面的招呼，后面的应答；弯着腰走路的老人，由大人牵扶着走的小孩子，这些来往不断的，都是滁州的游客。到溪边钓鱼，溪水深而鱼肉肥美；用酿泉造酒，泉水清而酒也清；野味野菜，横七竖八地摆在面前的，那是太守主办的宴席。宴会喝酒的乐趣，不在于音乐；投射的中了，下棋的赢了，酒杯和酒筹交互错杂；时而起时而坐大声喧闹的，是欢乐的宾客们。那位容颜苍老、头发花白，醉醺醺地坐在众人中间的，是喝醉了的太守。

不久，太阳下山了，人影散乱，宾客们跟随太守回去了。树林茂密成荫，鸟儿到处鸣叫，是游人离开后鸟儿之乐。但是鸟儿只知道山林中的快乐，却不知道人们的快乐；而人们只知道跟随太守游玩的快乐，却不知道太守以游人的快乐为快乐啊。醉了能够和大家一起欢乐，醒来能够用文章记述这乐事的人，那就是太守啊。太守是谁？正是庐陵欧阳修。

作者简介

欧阳修

字、号：字永叔，号醉翁，晚号“六一居士”

籍贯：吉州永丰（今江西吉安永丰）

生卒年：1007—1072

身份：宋代政治家、文学家、史学家

获荣誉称号：宋代文坛领袖，“唐宋八大家”之一，“千古文章四大家”之一

代表作：文章《朋党论》《五代史·伶官传序》《醉翁亭记》等；词作《采桑子·群芳过后西湖好》《踏莎行·候馆梅残》《生查子·元夕》《蝶恋花·庭院深深深几许》等。有《新五代史》《欧阳文忠公集》存世

作品赏析

《醉翁亭记》是欧阳修的代表作，这篇散文作于宋仁宗庆历五年（1045 年），当时欧阳修遭受政敌的排挤和打击，从京城被贬到安徽出任滁州太守。在滁州，欧阳修的心情既欢喜又悲伤，欢喜的是经过自己的治理，滁州社会繁荣，老百姓过上了和平安定的生活，而且当地山清水秀，令他陶醉；然而看到国家的问题尚未消除，一向支持改革的欧阳修又不禁满怀忧虑。

这篇散文通过对醉翁亭及其周围环境自然风光的描绘，一方面反映了作者与民同乐的政治思想，另一方面也是作者寄情于山水以排遣贬谪后的抑郁心情的一种方式。文章字里行间无不透露出作者对滁州山水与百姓的热爱之情，作者以诗歌般的语言所展现的滁州山间的早晚天气变化和四时景色，以及滁州人民之游乐，无不令人向往，让读者不由自主地随之而沉醉在那闲适、恬淡的情境里，心灵也随之而获得平衡、和谐。

经典名句

醉翁之意不在酒，在乎山水之间也。

诵读指引

这是一篇写景抒情的散文，朗读时语速适中，语调自然。

第一段第一句“环滁皆山也”，适当加强语气，拖长读音。之后写景色的几句，加快语速。之后的两句“作亭者谁”“名之者谁”都要读升调，读出疑问的感觉。

第二、三段，语速可以稍快，读出明快的感觉。最后一段则放慢语速，尤其第一句“已而夕阳在山，人影散乱，太守归而宾客从也”，这里写白天聚会结束之后的情况，带有一些离别结束的伤心感觉，语速要稍微慢一点。这一段的最后两句，要增加一下停顿。尤其在“太守谓谁”之后，稍微停一下，然后再慢慢读出结尾的“庐陵欧阳修也”。

少年中国说（节选）

T－8

梁启超

故今日之责任，不在他人，而全在我少年。少年智则国智，少年富则国富，少年强则国强，少年独立则国独立，少年自由则国自由，少年进步则国进步，少年胜于欧洲则国胜于欧洲，少年雄于地球则国雄于地球。

红日初升，其道大光。河出伏流，一泻汪洋。潜龙腾渊，鳞爪飞扬。乳虎啸谷，百兽震惶。鹰隼(sǔn)试翼，风尘翕(xī)张[1]。奇花初胎，矞(yù)矞皇皇[2]。干将(gānjiāng)发硎(xíng)，有作其芒[3]。天戴其苍，地履其黄[4]。纵有千古，横有八荒。前途似海，来日方长。

美哉，我少年中国，与天不老！壮哉，我中国少年，与国无疆！

词语解释

［1］鹰隼试翼，风尘翕张：鹰隼展翅试飞，就会掀起狂风，飞沙走石。鹰隼：凶猛的鸟。翕张：一合一张。

［2］矞矞皇皇：富丽堂皇。

［3］干将发硎，有作其芒：宝剑在磨刀石上刚磨好，发出了耀眼的光芒。干将：古代宝剑名。硎：磨刀石。

［4］天戴其苍，地履其黄：头顶苍天，脚踏黄土。履：踩，踏。

古文今译

所以今天的责任，不在别人，而是全在我们少年身上。少年聪明则国家就聪明，少年富裕则国家就富裕，少年独立则国家就独立，少年自由则国家就自由，少年进步则国家就进步，少年胜于欧洲，则国家就胜于欧洲，少年称雄于地球，则国家就称雄于地球。

红日刚刚升起，道路充满霞光。黄河从地下涌出来，奔流宣泄浩浩荡荡。潜龙从深渊中腾空飞起，鳞爪飞扬舞动。小老虎在山谷长啸，百兽都震惊惶恐。雄鹰隼鸟振翅欲飞，风尘被高卷飞扬。奇花孕育花苞，灿烂明丽茂盛茁壮。干将剑刚刚磨好，闪烁着光芒。头顶苍天，脚踩大地。有千古的历史，有广阔的疆域。前途像海一样宽广，未来的日子才刚刚开始。

美丽啊，我的少年中国，将与天地共存，永远不老！雄壮啊！我的中国少年，像国土一样没有疆界的限制。

作者简介

梁启超

字、号：字卓如，号任公，又号饮冰室主人

籍贯：广东江门新会

生卒年：1873—1929

身份：近代思想家、政治家、教育家、史学家、文学家

获荣誉称号：中国近代维新派代表人物

代表作：《饮冰室合集》等

作品赏析

1900 年，清朝末年，帝国主义列强侵略中国。当时清朝非常落后，列强讽刺中国是“老

大帝国”。梁启超这篇《少年中国说》就是为了批判这种说法而写成的。《少年中国说》从人有老有少开始说起，论述国家也有老有少。梁启超希望当时的中国能够重新像少年一样充满活力，创造新的未来。

这里引用的就是这篇文章的最后一部分：赞美少年中国的美好未来。这中间的一段，用了最美好的比喻来赞美少年中国，像红日初升、黄河奔流、潜龙飞天、虎啸密林、鹰隼高飞、奇花盛开、宝剑初硎等。瑰丽的想象和生动的形象，让人震撼。

（绘图：2019 级印度尼西亚学生　黄美凤）

经典名句

少年智则国智，少年富则国富，少年强则国强，少年独立则国独立，少年自由则国自由，少年进步则国进步……

红日初升，其道大光。河出伏流，一泻汪洋。潜龙腾渊，鳞爪飞扬。乳虎啸谷，百兽震惶。鹰隼试翼，风尘翕张。奇花初胎，矞矞皇皇。干将发硎，有作其芒。天戴其苍，地履其黄。纵有千古，横有八荒。前途似海，来日方长。

诵读指引

这篇文章是一篇带有激情的论说文。朗读基调要有激情。语气稍微加强，语调铿锵有力。

第一段在“少年智则国智”之后有排比句式，朗读时要注意连贯，语速较快。注意排比句中的关键词“智”“富”“强”“独立”“自由”“进步”等，语音要加重，来表现出朗读的节奏。

第二段有多个四字的句子，朗读时要注意节奏，两个字一小顿，四个字一大顿。读的时候还要加快语速，注意连贯，一气下来，语音越来越重读，读出气势来。

大学（选读）

T-9

xīn

大学之道，在明明德[1]，在亲民[2]，在止于至善。知止而后有定；定而后能静；静而后能安；安而后能虑；虑而后能得。物有本末，事有终始。知所先后，则近道矣。古之欲明明德于天下者，先治其国；欲治其国者，先齐其家[3]；欲齐其家者，先修其身[4]；欲修其身者，先正其心[5]；欲正其心者，先诚其意[6]；欲诚其意者，先致其知[7]；致知在格物[8]。物格而后知至；知至而后意诚；意诚而后心正；心正而后身修；身修而后家齐；家齐而后国治；国治而后天下平。

自天子以至于庶人[9]，壹是[10]皆以修身为本。其本乱而末治者，否矣。其所厚者薄，而其所薄者厚，未之有也[11]！

（绘图：2019 级泰国学生　王月华）

词语解释

［1］明明德：弘扬高尚的道德。第一个“明”是动词，是让变得明显、发扬的意思。第二个“明”是高尚的意思。

［2］亲民：这里“亲”读作“新”。让人弃旧图，不断进步。

［3］齐其家：把自己家庭和家族的事情安排好。

［4］修其身：让自己的品格修养得到提升。

［5］正其心：不受外来影响，心里有主见。

［6］诚其意：让意志、志向变得真实、坚定。

［7］致其知：让自己获得知识和智慧。

［8］格物：研究、认识世间万物的道理。

［9］庶人：普通百姓。

［10］壹是：全部，都是。

［11］未之有也：就是“未有之也”，从来没有过的。

古文今译

大学的道理，在于弘扬高尚的道德，在于每天改变自己而获得进步，在于达到最高的善。知道要达到最高的善之后，才能确定目标；确定了目标之后，才能心静；心静之后，才能安稳；安稳之后，才能考虑详尽；考虑详尽之后，才能达到至善的目的。万物都有根本和末节，事情都有开始和结束。知道了先后顺序，则与道不远了。在古代，想要把高尚的道德弘扬给天下的人，先要治理好自己的国家；想要把自己的国家治理好的人，先要安排好自己家庭和家族的事情；想要把自己家庭和家族的事情安排好的人，先要修养好自己的品德；想要把自己的品德修养好的人，先要端正好自己的心意；想要把自己的心意端正好的人，先要使自己的意念真诚；想要使自己意念真诚的人，先要获得知识和智慧；获得知识和智慧在于研究、认识世间万物的道理。研究、认识世间万物的道理才能获得知识和智慧，有了知识和智慧才能有真诚的意念，有了真诚的意念后才能端正心意，有了端正的心意后才能修养好品德，有了好的品德修养后才能安排好家庭和家族的事情，安排好家庭和家族的事情后才能治理好国家，把国家治理好后才能使天下太平。

从天子到老百姓，都要把修养品德作为根本。根本乱了，末节却是好的，这是不可能的。应该重视的东西却轻视，应该轻视的东西却重视，这样还能治理好天下，是从来没有的。

作品赏析

《大学》原来是《礼记》中的一篇，后来单独抽出来作为一部书。它和《中庸》《论语》

《孟子》合称“四书”。《大学》是中华传统文化中最重要的经典之一。

这里选的是《大学》中最重要的第一章，里面涉及了“三纲领”，也就是“明明德”“亲民”“止于至善”；还有“八条目”，也就是“格物”“致知”“诚意”“正心”“修身”“齐家”“治国”“平天下”八个人生过程。《大学》的核心是强调自己要先有好的修养和道德，才能够治国平天下，同样，治国平天下的原则和个人的道德修养是一样的。

经典名句

大学之道，在明明德，在亲民，在止于至善。

物格而后知至；知至而后意诚；意诚而后心正；心正而后身修；身修而后家齐；家齐而后国治；国治而后天下平。

诵读指引

这是一篇带有哲学意味的短文，朗诵基调要自信，节奏明快，语气铿锵。

第一段开始保持正常语速进行朗诵。自“古之欲明明德于天下者，先治其国”起是本文最关键的内容，朗读时要适当加快语速，而且要连贯通顺，一气呵成，要表现出一种自信的感觉。最后一段又可以回到正常语速。

喜 悦

T－10

王蒙

（绘图：2019 级泰国学生　王月华）

我不知道词典上是怎么解释汉语中表示快乐一类情绪的字眼的，我也不知道外语中是否有相应的词儿，反正对这些词儿我有一些不知道算不算独到的感觉，它们会唤起我一些特别的、互不相干的情绪。

高兴，这是一种具体的、被看得到摸得着的事物所唤起的情绪，它是心理的，更是生理的，它容易来也容易去，谁也不应该对它视而不见、失之交臂，谁也不应该总是做那些使自己不高兴也使旁人不高兴的事。让我们说一件最容易做也最令人高兴的事吧，尊重你自己，也尊重别人，这是每个人的权利，我还要说这是每个人的义务。

快乐，这是一种富有概括性的生存状态、工作状态。它几乎是先验[1]的，它来自生命本身的活力，来自宇宙、地球和人间的吸引，它是世界的丰富、绚丽、阔大、悠久的体现。快乐还是一种力量，是埋在地下的根脉，消灭一个人的快乐比挖掉一棵大树的根要难得多。

欢欣，这是一种青春的、诗意的情感，它来自面向着未来伸开双臂奔跑的冲力，它来自一种轻松而又神秘、朦胧而又弥漫的隐秘的激动，它是激情即将到来的预兆，又是大雨以后比下雨还要美妙得多也久远得多的回味……

喜悦，这是一种带有形而上[2]色彩的修养和境界。与其说它是一种情绪，不如说它是一种智慧，一种超拔[3]，一种悲天悯（mǐn）人[4]的宽容和理解，一种饱经沧桑[5]的充实和自信，一种光明的理性，一种坚定的成熟，一种战胜了烦恼和庸俗的清明澄澈。它是一潭清水，它是一抹朝霞，它是无边的平原，它是沉默的地平线。多一点，再多一点喜悦吧，它是翅膀，也是归巢，它是一杯美酒，也是一朵永远开不败的莲花。

词语解释

[1] 先验：哲学词语，先于经验的。
[2] 形而上：哲学词语，这里指抽象的。
[3] 超拔：高出一般的。
[4] 悲天悯人：为人们的痛苦感到伤心。
[5] 饱经沧桑：经历过多次的世事变化，生活经历极为丰富。

作者简介

王　蒙

籍贯：河北南皮

生卒年：1934—

身份：当代作家

获荣誉称号：“人民艺术家”

代表作：长篇小说《青春万岁》《活动变人形》等

作品赏析

《喜悦》是一篇随笔短文。王蒙在文中一一说了“高兴”“快乐”“欢欣”“喜悦”四个词语的含义。

“高兴”是人最直接的、最容易得到的，也最容易失去的。看到花开，就会高兴；吃到可口的饭菜，也会高兴；听到好听的歌曲，也会高兴。还有很多类似的具体的事情、事物会引起我们的高兴。“快乐”，在作者看来，是我们面对世界、人生的一种先天带来的体验。“欢欣”是一种青春的感觉，带有朦胧的气息。“喜悦”，是一种对人生的感悟，感到人生美好之后，自然而然会产生这种感觉。

这篇文章具有哲理，同时王蒙的语言又具有诗意，有比喻、排比等修辞手法。整篇文章让我们读起来感受到了文学的魅力。

经典名句

喜悦，这是一种带有形而上色彩的修养和境界。与其说它是一种情绪，不如说它是一种智慧，一种超拔，一种悲天悯人的宽容和理解，一种饱经沧桑的充实和自信，一种光明的理性，一种坚定的成熟，一种战胜了烦恼和庸俗的清明澄澈。它是一潭清水，它是一抹朝霞，它是无边的平原，它是沉默的地平线。多一点，再多一点喜悦吧，它是翅膀，也是归巢，它是一杯美酒，也是一朵永远开不败的莲花。

诵读指引

《喜悦》是一篇议论散文，具有哲理。朗读时保持正常语速，语气稍微带些深沉，个别地方又要富有激情。

尤其最后一段，有很多排比句式，如“它是一潭清水，它是一抹朝霞，它是无边的平原，它是沉默的地平线”。注意后面的句子要比前面的句子语气强烈一些，每个排比句收尾时，停顿稍微长一些。

MPR 出版物链码使用说明

本书中凡文字下方带有链码图标“══”的地方，均可通过“泛媒关联”App 的扫码功能或“泛媒阅读”App 的“扫一扫”功能，获得对应的多媒体内容。

您可以通过扫描下方的二维码下载“泛媒关联”App、“泛媒阅读”App。

“泛媒关联”App 链码扫描操作步骤：

1. 打开“泛媒关联”App；
2. 将扫码框对准书中的链码扫描，即可播放多媒体内容。

“泛媒阅读”App 链码扫描操作步骤：

1. 打开“泛媒阅读”App；
2. 打开“扫一扫”功能；
3. 扫描书中的链码，即可播放多媒体内容。

扫码体验：

离思五首·其四　　　　嫦　娥